U0461511

知|识|产|权|研|究|文|丛

科技型企业专利话语权评价研究

李丹阳 ▪ 著

知识产权出版社

全国百佳图书出版单位

—北 京—

图书在版编目（CIP）数据

科技型企业专利话语权评价研究/李丹阳著. —北京：知识产权出版社，2023. 6
（知识产权研究文丛）
ISBN 978 - 7 - 5130 - 8580 - 9

Ⅰ. ①科⋯　Ⅱ. ①李⋯　Ⅲ. ①高技术企业—专利—管理—研究　Ⅳ. ①F276. 44

中国国家版本馆 CIP 数据核字（2023）第 001979 号

责任编辑：周　也　　　　　　　责任校对：谷　洋
封面设计：张国仓　　　　　　　责任印制：孙婷婷

知识产权研究文丛

科技型企业专利话语权评价研究

李丹阳　著

出版发行：知识产权出版社有限责任公司	网　　址：http：//www. ipph. cn
社　　址：北京市海淀区气象路 50 号院	邮　　编：100081
责编电话：010 - 82000860 转 8740	责编邮箱：zhouye@ cnipr. com
发行电话：010 - 82000860 转 8101/8102	发行传真：010 - 82000893/82005070/82000270
印　　刷：北京建宏印刷有限公司	经　　销：新华书店、各大网上书店及相关专业书店
开　　本：880mm×1230mm　1/32	印　　张：7. 75
版　　次：2023 年 6 月第 1 版	印　　次：2023 年 6 月第 1 次印刷
字　　数：200 千字	定　　价：68. 00 元

ISBN 978 - 7 - 5130 - 8580 - 9

/前　言/

目前关于专利评价及科技型企业评价的相关研究较多，但较少有学者关注科技型企业的专利话语权及其评价。科技型企业专利话语权评价理论框架与评价模型的构建是基于实践需要又同时具备理论研究价值的深度命题，是知识经济时代国际竞争中面临的重要问题。本研究系统地研究了科技型企业专利话语权的概念、产生机制、评价指标及其评价模型，为科技型企业提升专利话语权及其技术实力提供了一定的理论指导与实践参考。

本研究有如下主要创新点。

一是提出并解构了科技型企业专利话语权评价的内涵与要素。本研究面向当前话语权争夺的背景需求，结合话语权评价、专利评价和科技型企业评价的相关理论与方法，厘清了科技型企业专利话语权评价的概念，并对其基本问题与形成机制加以阐释。在综合传播学、经济学、政治学、情报学等多学科的基础上，本研究对科技型企业专利话语权的构成要素进行了解构与分析，为进一步明确适用于科技型企业专利话语权评价的相关指标提供了理论基础与研究维度。本研究为专利评价提供了新的视角和思路，丰富和发展了现有评价科学的理论体系。

二是构建了科技型企业专利话语权评价指标体系。本研究基于文献调研法对专利评价指标进行了分析与遴选，在此基础上选取了传播主体、传播内容、传播媒介、传播客体和传播效果这五个要素，围绕传播学相关理论对科技型企业的专利话语权的构成要素进行分析，从专利布局、专利研发、专利运用、专利保护、专利管理和专利转化六个维度对科技型企业专利话语权评价的三个一级指标——引导力、影响力和传播力进行解析，结合科技型企业专利话语权的形成机制，构建出包含有效专利数量、同族专利指数、有效专利质量、专利研发投入费用、科技活动人员占从业人员比重、标准必要专利数量、属地政策、所属行业协会/技术委员会成员数量、专利平均引用次数、专利国际保护范围、专利诉讼数量、专利交易数量、专利收入等二级指标在内的科技型企业专利话语权评价指标体系，可以为有关部门进行科技型企业专利话语权评价提供理论借鉴和实践依据。

三是设计了多元融合的科技型企业专利话语权评价模型并进行了实证分析。专利话语权评价是一个跨学科的命题。本研究运用跨学科的理论和方法，结合情报学、教育评价学、计算机科学、管理学、政治学、统计学、经济学、传播学等相关学科理论，针对复杂多态的数据来源、数据类型及数据特征，引入熵权法、灰色关联度分析法、相关性分析、回归分析等方法并进行调整，设计了基于该评价模型的综合评价方法，从而得出各企业的专利话语权综合排名与单维度评价结果，在促进学科交叉融合研究的基础上，尽可能丰富多元地展示评价结果。

在知识经济时代的国际竞争过程中，经济生产要素与产业发展模式都有所改变，知识技术成为这些改变中的主导力量。专利作为代表性的知识技术创造成果，在国际话语权争夺中的地位与作用得以提升，以其跨领域的竞争形式成为国家和企业实力的重要衡量标志。

　　当今世界国家间的实力竞争显性地体现在国际话语权的竞争中。科技型企业是国家科技实力与经济实力竞争的重要阵地之一，而科技型企业的生存与发展则突出地集中在专利技术的竞争上。对科技型企业专利话语权的评价是对企业生存和发展现状的有力分析，是科技型企业良性长远经营和争夺国际市场的重要参考。

　　科技型企业专利话语权的评价是时代背景的需求，是科技革命的助力，是竞争体制的完善，是中国特色话语体系构建的重要部分。

　　本研究系国家社会科学基金重大项目"构建中国话语权的评价科学理论、方法与应用体系研究"（编号：18ZDA325）的研究成果之一。

/ 目　录 /

第1章　引　言 ·················· 001

1.1　选题背景与研究意义 / 001

　1.1.1　选题背景 / 002

　1.1.2　研究意义 / 006

1.2　国内外研究现状 / 008

　1.2.1　话语权的研究 / 009

　1.2.2　专利话语权与专利评价 / 014

　1.2.3　科技型企业的专利工作与评价 / 021

　1.2.4　国内外研究现状述评 / 023

1.3　主要研究内容与方法 / 026

　1.3.1　主要研究内容与框架 / 026

　1.3.2　研究方法 / 029

1.4　研究创新点 / 031

第2章　相关概念与理论方法 ·················· 033

2.1　话语权与科技型企业专利话语权 / 033

　2.1.1　话语权 / 033

　2.1.2　专利话语权 / 036

　2.1.3　科技型企业专利话语权 / 043

2.2　科技创新理论 / 045

　　2.2.1　知识创新理论 / 045

　　2.2.2　技术创新理论 / 046

　　2.2.3　技术赶超理论 / 049

　　2.2.4　科技竞争力理论 / 051

2.3　科学评价理论与方法 / 052

　　2.3.1　科学评价理论 / 052

　　2.3.2　科学评价方法 / 056

2.4　专利分析理论与方法 / 059

　　2.4.1　专利文献与专利分析 / 059

　　2.4.2　专利引文分析 / 059

　　2.4.3　企业专利分析 / 061

2.5　社会网络分析理论与方法 / 062

　　2.5.1　社会网络分析理论 / 062

　　2.5.2　社会网络分析法 / 062

2.6　本章小结 / 066

第3章　科技型企业专利话语权评价理论框架 ················· 068

3.1　科技型企业的基本问题 / 069

　　3.1.1　科技型企业的特征 / 069

　　3.1.2　科技型企业的功能 / 070

　　3.1.3　科技型企业的类别 / 071

3.2　科技型企业专利话语权形成机制 / 073

　　3.2.1　科技型企业专利话语权形成背景 / 073

　　3.2.2　科技型企业专利话语权形成过程 / 074

　　3.2.3　科技型企业专利话语权构成要素 / 076

3.3　科技型企业专利话语权评价要素及其特征 / 078

　　3.3.1　专利话语权评价要素 / 079

　　3.3.2　科技型企业专利话语权评价要素特征分析 / 082

　3.4　本章小结 / 084

第4章　科技型企业专利话语权评价指标体系 ·················· 086

　4.1　基于文献调研法的评价指标筛选 / 086

　　4.1.1　引导力评价指标相关性分析 / 086

　　4.1.2　影响力评价指标相关性分析 / 090

　　4.1.3　传播力评价指标相关性分析 / 092

　4.2　科技型企业专利话语权评价指标体系设计 / 092

　　4.2.1　引导力评价指标设计 / 094

　　4.2.2　影响力评价指标设计 / 102

　　4.2.3　传播力评价指标设计 / 102

　4.3　科技型企业专利话语权评价指标处理与量化 / 104

　4.4　本章小结 / 106

第5章　科技型企业专利话语权评价模型 ·················· 107

　5.1　科技型企业专利话语权评价模型构建思路与原则 / 107

　　5.1.1　科技型企业专利话语权评价模型构建思路 / 107

　　5.1.2　科技型企业专利话语权评价模型构建原则 / 108

　5.2　科技型企业专利话语权评价方法设计 / 111

　　5.2.1　基于熵权法的科技型企业专利话语权
　　　　　引导力评价 / 111

　　5.2.2　基于灰色关联度分析法的科技型企业
　　　　　专利话语权综合评价 / 112

　　5.2.3　基于相关分析和多元回归的科技型企业
　　　　　专利话语权评价结果分析 / 114

　5.3　科技型企业专利话语权评价模型确立 / 115

　5.4　本章小结 / 117

第6章 科技型企业专利话语权综合评价实证分析
  ——以通信企业为例 ·················· 119

6.1 数据获取与预处理 / 120

  6.1.1 数据来源 / 120

  6.1.2 样本选择 / 122

  6.1.3 数据采集与预处理 / 127

6.2 通信企业专利话语权评价指标特征分析 / 128

  6.2.1 通信企业专利话语权引导力评价指标特征分析 / 128

  6.2.2 通信企业专利话语权影响力评价指标特征分析 / 137

  6.2.3 通信企业专利话语权传播力评价指标特征分析 / 144

6.3 基于灰色关联度分析法的通信企业专利
    话语权综合评价 / 147

  6.3.1 基于灰色关联度分析法的通信企业专利
      话语权评价指标权重计算 / 147

  6.3.2 基于灰色关联度分析法的通信企业专利
      话语权评价结果分析 / 151

6.4 通信企业专利话语权评价结果检验分析 / 154

  6.4.1 基于社会网络的评价结果有效性检验 / 154

  6.4.2 基于相关分析和多元回归的通信企业专利
      话语权评价指标分析 / 161

6.5 科技型企业专利话语权提升建议与对策 / 164

  6.5.1 完善科技型企业专利活动体系环境的
      建议与对策 / 164

  6.5.2 提高科技型企业专利创新引导力的建议与对策 / 166

  6.5.3 提升科技型企业专利成果影响力的建议与对策 / 166

6.6 本章小结 / 167

第 7 章　研究结论与展望 ································· **168**

  7.1　研究结论 / 168

  7.2　研究局限与展望 / 169

参考文献 ··· **171**

附　录 ··· **210**

致　谢 ··· **228**

/ 图索引 /

图 1 - 1　研究思路与框架 …………………………………… 027

图 2 - 1　世界的专利立法进程 …………………………… 037

图 2 - 2　我国的专利立法进程 …………………………… 038

图 2 - 3　科学评价的过程 …………………………………… 053

图 2 - 4　基于评价视角的科学评价分类 ……………… 055

图 2 - 5　基于指标数量的科学评价分类 ……………… 056

图 2 - 6　常用企业专利分析指标 ………………………… 061

图 3 - 1　科技型企业专利话语权的形成过程 ………… 076

图 3 - 2　专利话语权评价要素关系解析 ……………… 080

图 3 - 3　科技型企业专利话语权评价理论框架 ……… 084

图 4 - 1　围绕专利关系的专利联盟许可模式 ………… 099

图 5 - 1　科技型企业专利话语权评价模型 …………… 116

图 6 - 1　通信企业 2010 ~ 2019 年专利申请量变化 … 131

图 6 - 2　通信企业专利诉讼情况 ………………………… 142

图 6 - 3　高通公司专利交易技术类型分布 …………… 146

图 6 - 4　高通公司专利交易技术主题分布 …………… 146

图 6 - 5　引导力指标与传播力指标回归模型 ………… 163

/ 表索引 /

表 2-1　部分国家提升专利话语权的相关政策 ················ 040

表 2-2　专利引证动机与引文分析目的总结 ················ 060

表 2-3　常用社会网络节点分析指标 ················ 063

表 3-1　国内科技型企业类别及认定条件 ················ 071

表 3-2　专利话语权评价要素 ················ 079

表 4-1　引导力要素涵盖指标与专利评价的相关性结论 ··· 087

表 4-2　影响力要素涵盖指标与专利评价的相关性结论 ··· 091

表 4-3　传播力要素涵盖指标与专利评价的相关性结论 ··· 092

表 4-4　科技型企业专利话语权评价指标设计 ················ 093

表 4-5　中国参与专利保护国际公约的情况 ················ 097

表 6-1　通信行业样本企业名称及类型 ················ 124

表 6-2　德温特专利数据库专利权人代码表示方式 ········ 127

表 6-3　有效专利质量各细分指标数据最值 ················ 133

表 6-4　用于熵权法的标准化数据（局部） ················ 134

表 6-5　各通信企业 PQ1 ~ PQ8 指标占比（局部） ········ 135

表 6-6　各通信企业 PQ1 ~ PQ8 指标总和、信息熵值
　　　　与指标权重 ················ 135

表 6-7　各通信企业有效专利质量指标数据
　　　　（2014 ~ 2019 年） ················ 136

表 6 - 8　通信企业专利全球专利主管部门分布情况 ·········· 139

表 6 - 9　通信企业专利交易技术类型排序与分布 ············ 144

表 6 - 10　用于灰色关联度分析的比较数列（局部）·········· 148

表 6 - 11　用于灰色关联度分析的参考数列 ················ 148

表 6 - 12　数据标准化后的比较数列（部分）·············· 149

表 6 - 13　数据标准化后的参考数列 ···················· 149

表 6 - 14　比较数列的灰色关联度系数（部分）············ 150

表 6 - 15　9 个指标的关联度 ······················ 150

表 6 - 16　通信企业专利话语权评价指标权重 ············ 151

表 6 - 17　通信企业专利话语权得分排名 ·············· 151

表 6 - 18　32 家通信企业的共被引次数矩阵（部分）····· 154

表 6 - 19　32 家通信企业的共被引强度矩阵（部分）········ 155

表 6 - 20　点度中心度排名前十位的通信企业 ············ 157

表 6 - 21　中介中心度排名前 17 位的通信企业 ·········· 158

表 6 - 22　综合得分前十位的通信企业
三种排名方式的比较 ···················· 160

表 6 - 23　通信企业专利话语权评价指标相关性分析 ········ 162

表 6 - 24　引导力指标与传播力指标回归模型检验 ·········· 163

表 6 - 25　SRN 与引导力指标回归模型检验 ················ 164

第1章 引 言

1.1 选题背景与研究意义

话语权（discourse power），在汉语中指的是说话权，即控制舆论的权力，是信息传播主体在现实社会的潜在影响力。伴随不同学科对这一问题的研究与其概念本身的不断演化，当下的话语权更倾向于表达对社会发展方向的影响能力。国际话语权作为衡量一个国家综合实力的重要指标，日益成为各主权国家在国际社会争夺的战略目标。在全球化日益发展的今天，国家之间竞争加剧，话语权争夺亦是十分激烈。

习近平总书记曾对国家话语权问题作出重要指示。后疫情时代，国际国内形势更显敏感与复杂，一些具有国际影响力的国家不仅主导和引领国际话语权，而且立足于成为重要国际议题的设置者、全球问题的权威话语引领者和主导者。我国却在相当长一段时间内对改革开放造就的"中国模式"或"北京经验"出现集体失语，导致外部世界对中国的歪曲和误解。国内全面改革进入攻坚期，无论是彰显大国气魄的外交政策，还是涉及重大利益调整的改革方案制定，都对中国话语权提出了更高的要求，使中国话语权的问题日益凸显。中国要想在愈演愈烈的国际话语权争夺战中抢占一席之地，势必要着力打造具有国际战略视野、形成国际影响力的中国话语权。

评价是人类的基本活动。马维野（1996）认为评价所发挥的作用在现代社会活动中愈发突显，包括选择作用、诊断作用、判断作用、激励作用、预测作用、导向作用、合理配置资源的作用等。评价体系的合理与完善对于科技型企业专利工作的良性发展具有重要意义。本研究基于对科技型企业专利话语权产生过程的分析，提取了话语权评价要素，构建了科技型企业的专利话语权评价模型，并设计了多种方法对科技型企业专利话语权进行评价。评价体系的建立有助于促进国家核心竞争力的提升和发展，对我国科技型企业专利工作的政策制定与资源优化意义重大。此外，科技型企业专利话语权评价体系的建立将促进评价工作的多元发展，丰富和完善话语权评价体系。科技型企业专利话语权评价研究紧跟时代发展潮流，满足国家重大战略发展需求，具有重要的理论和现实意义。

1.1.1 选题背景

（1）国际话语权竞争激烈，话语权的提升需求凸显

在当前的国际形势下，我国提升自身的国际话语权具有战略紧迫性和现实必要性。近年来，我国综合国力的稳步增强，特别是在面对疫情时所展现出的治理水平与治理能力以及在航空航天领域的重大突破，进一步提升了我国的国际形象与国际地位。后疫情时代，面对瞬息万变的国际态势，提升我国的国际话语权关乎中华民族的伟大复兴和国家的长治久安。习近平总书记多次在讲话中强调提升国际话语权的重要性。而要提升我国的国际话语权，首先需要正确地把握我国话语权的现状。科技型企业专利话语权是国家话语权的重要组成部分，对科技型企业专利话语权进

行研究能够加深对专利话语权的理解，从更具体的角度解读话语权现状。

（2）专利技术水平是国家创新实力和产业竞争力的重要衡量

习近平总书记多次强调"关键核心技术是国之重器"（习近平，2018）。当下，知识产权日益成为技术话语权、竞争力的核心要素，专利数量及专利转化率也成为衡量国家创新能力和产业竞争力的重要指标。创新驱动发展，知识产权驱动创新，知识产权是创新驱动中最核心的因素。当今社会，知识产权越来越成为一个国家、一个地区、一个企业创新能力的标志，专利制度则为"智慧之火"添加"利益之油"。

当前有关国际标准的竞争日益激烈，标准先行已成为知识经济时代市场竞争的鲜明特点，谁制定的标准为世界所认同，谁就掌握了产业游戏规则的话语权。长期以来，美国 ANSI 标准、日本 JIS 标准、德国 DIN 标准、英国 BS 标准、法国 NF 标准均已被世界公认为先进标准，并被众多的国家采用。在德国，标准与资本、人力资源（劳动力与知识产权）一起，构成经济增长的三大动力。

诸多跨国企业通过技术专利化、专利标准化、标准许可化不断强化自己对相关产业链的控制，获取超额利润（姜军，2016）[7]。以通信行业为例，标准占据了通信行业的绝对地位，在通信标准中拥有话语权，即意味着在全球通信行业中拥有了话语权以及产业链的先发优势。但我国仍然走在追赶的路上没有放弃，以华为、中兴为代表的国产厂商正在为制定自己的第五代（5G）移动通信标准而努力。专利话语权的争夺是国际话语权竞争中不容忽视的部分。

（3）科技型企业是专利话语权争夺中的关键角色

随着"中国制造"的发展，创新驱动已成为我国经济增长的重要推动力。特别是在经济新常态下，战略性新兴产业如高端装备制造、新能源、新材料、航空航天、生物医药等领域，已成为促进产业结构转型升级、推动经济发展向创新驱动转变的必然选择。其中，科技型企业作为最具创新特征的经济群体，在我国经济发展中扮演着越来越重要的角色。科技型企业的活力、潜力与成长性特征决定其成为创新驱动时代的重要主体。对于科技型企业而言，技术是其生存和发展的核心，技术创新是科技型企业发展的基础和决定性因素，专利则是企业技术创新的一项核心内容，也是企业能够不断成长并实现可持续发展的关键。

专利工作是科技型企业经营与发展战略的重要组成部分，专利工作的积极开展是科技型企业争夺市场份额与确保企业发展不可忽视的一环。世界范围内的新旧产业结构调整与经济增长方式变化带来了产权制度的变革，专利制度受到影响也在所难免。专利作为大多数科技型企业的重要辅助竞争手段和技术创新保护方式，发挥着基本技术取舍范围内的技术有效保护作用。而技术秘密的优点之一在于其保护年限可能更长，但其无法替代专利所发挥的作用。专利作为以静态保护求动态收益的堡垒型战略工具，一方面在协同产品研发与专业资源互补的同时，保护自身优势技术及投资有效性，另一方面在实质的市场竞争中发挥技术性价值，在企业嵌套决策下实现专利资本化。因此，科技型企业的专利意识随着专利对企业位势的构建逐步增强，专利创新与技术垄断的有限性使得专利在产业战略层面发挥重要作用，将专利作为企业的战略工具而尽可能及时全面地布局是科技型企业的工作重点之一。

中美经贸摩擦是一场出于经济利益和政治目的的博弈（刘强等，2019），科技型企业是博弈过程中的重要工具与筹码。一方面，从经济视角来看，科技型企业的产品与服务受到中美经贸摩擦的直接影响。在政治经济环境复杂多变的背景下，科技型企业在市场与行业中的话语权和地位直接决定着对经营发展方向的预判与控制。通过对科技型企业专利话语权的评价，企业可以更加全面多维地了解行业现状和自身处境，便于更加快速地对市场风险作出反应。另一方面，从科技视角来看，科技型企业所掌握的关键性技术深度关联着国家的长远发展与战略决策。例如，美国一直以来在签证方面对我国技术型专业学生的限制，以及在进出口贸易清单中不断增加的技术密集型企业和企业技术禁运、关税调整等诸方面，均体现出关键技术和科技型企业的重要战略地位，种种手段都是出于对我国科技型企业特别是掌握行业领先技术的企业的忌惮和打压，是带有强烈政治站位的手段（陈继勇，2018）。通过开展科技型企业专利话语权评价工作，我国可以更为科学地筛选出国际市场上的优势企业，作为划定有潜力企业保护扶持名单的重要参考，有助于在国际话语权博弈中掌握主动。

科学技术的创新推动着现代社会生产生活方式的变革，是国家综合国力增强的重要助力，而科技型企业在科技创新中扮演重要角色。科学技术正前所未有地渗透到社会生活的各个领域，深刻影响着国家的战略决策和前途命运。国家对科技的投入代表对政治、经济、军事等不同层面的高度重视，事关国家硬实力和软实力的综合提升。冲破技术封锁与技术壁垒，走出属于自己的"中国创造"之路，是话语权竞争的重要前提（霍小光等，2018；张军红等，2019）。

企业是科技创新的主力军（陈劲等，2018），而科技型企业在科技创新链中的独特功能定位与突出贡献价值，决定了其不容忽视的关键地位。深圳市副市长陈彪曾提到的"六个90%"，就是对科技创新重地深圳的精确总结（程义太等，2006）。❶ 万物互联和智慧城市的时代，科技型企业在国家科技创新方面所发挥的重要作用更加紧密关系着国家话语权的提升。专利文献作为介绍与概括技术内容的文本，是专利信息的原始资料，具有系统性、全面性、专业性等特征，是企业科学技术分析和评价的常用法律依据与数据来源。综合上述三个研究背景，本研究以"科技型企业专利话语权评价研究"为选题开展研究工作，对研究对象进行进一步分析与讨论。

1.1.2　研究意义

科技型企业专利话语权评价研究是跨学科研究视野的拓展，是中国特色科学评价与管理研究的深化和具化，是情报学、科学学、管理学、统计学、计算机科学、数据科学、政治学和传播学等学科应用研究领域的新拓展。本研究借助多种理论与方法，厘清了科技型企业专利话语权的概念、形成机制和评价指标，并以通信行业的企业为例进行了实证研究，构建了科技型企业专利话语权评价模型。本研究有助于把握我国科技型企业专利发展现状，启发科技型企业的专利战略决策，丰富话语权评价理论体系与研究方法，具有重要的理论研究意义和实践应用价值，着重体现在以下三个方面。

（1）把握我国的专利竞争力，助力专利工作的政策制定与资源优化

科技型企业专利话语权评价研究对于促进中国话语权的评价科学理论、方法与应用体系研究的发展，增强国家核心竞争力，加快实现强国梦具有十分重要的意义。话语权是国家文化软实力的重要资源，科技型企业专利话语权评价研究有助于中国制度、

---

❶　参见：程义太、程海燕论文《发展创新型企业，建设创新型国家》，出自《提高全民科学素质，建设创新型国家——2006 中国科协年会论文集》。

中国道路和中国理论以及科技强国战略的贯彻与实施。

科技型企业专利话语权评价研究事关国家良性发展和原始创新能力的提高。国家制度、人才引进、绩效评估、资源分配和政策制定需要有精准、客观和全面的评价科学理论、方法与应用体系。从大数据背景下的评价科学现实需求出发,进行科技型企业的专利话语权评价研究,是满足新时代国家制度、科技发展、评价理论、评价实践、评价与社会协调发展和管理与决策的现实需要。

(2)启发企业的专利决策与专利管理,提升科技型企业专利话语权

国际话语权不仅是指一个国家在国际舞台上发声的权利,更是指话语表达的影响力和有效性(陈正良等,2014)。开展科技型企业的专利话语权评价可以更加科学地筛选出国际市场上的优势企业,作为划定有潜力企业保护扶持名单的重要参考,有助于在国际话语权博弈中掌握主动,在国际市场发声的同时提升我国的国际话语权。此外,科技型企业专利话语权的评价结果是企业战略决策与持续发展的重要参考与有力依据。根据本研究提出的科技型企业专利话语权评价模型,企业可以对自身的话语权进行定量评价,主动把握自身实力与市场地位,以便于科学有效地逐步提升企业的专利话语权。

(3)丰富话语权理论体系与评价方法,推动评价科学学科的发展

在当前复杂多变的国际国内形势和大数据环境新媒体传播时代,科技型企业的专利话语权评价研究是评价科学在理论上的创新和与时俱进。在理论构建和方法研究上,本研究拓展了评价科学研究的视野,丰富了评价科学的维度,并提出了一种面向智能时代的评价科学范式,实现了对传统评价科学的指标拓展和体系重构,有助于评价科学理论的进一步完善与拓新。同时,运用跨

学科的理论和方法来实现科技型企业专利话语权评价研究，融合情报学、评价学、管理学、政治学、传播学、统计学、计算机科学等领域的相关理论和方法技术，全面、系统、深入地探讨专利话语权评价的基本理论问题，对拓展评价科学的学科视野，促进其与情报学、科学学、计算机科学、传播学等相关学科的交叉融合，丰富学科内涵，推动学科发展等具有重要意义。

结合评价科学以及专利分析的相关理论与方法，针对复杂多态的数据来源、数据类型及数据特征，研发设计并构建科技型企业专利话语权评价指标体系与评价模型，有助于丰富现有评价理论体系和研究方法。现有的话语权评价研究多集中在宏观理论层面的定性分析或是对某一研究对象话语权的分析与讨论，采用定量分析评价方法的研究较少。针对科技型企业专利话语权评价研究的不足，本研究探讨了科技型企业专利话语权的定义、形成机制及构成要素，构建了科技型企业专利话语权评价模型，并选取通信企业为样本进行了实证研究，补充和完善了学科领域内对专利话语权的计量与分析，丰富和拓宽了现有的话语权评价理论与研究方法。

1.2　国内外研究现状

本研究结合定量分析及定性分析，经文献梳理发现与本研究选题直接相关的国内外文献较少。因此，对国内外相关研究的进展梳理主要围绕"话语权"、"专利话语权与专利评价"和"科技型企业的专利工作与评价"三个主题展开文献搜集、归纳、分析、总结，文献数据源为 Web of Science、EBSCO、Elsevier、CNKI、维普和读秀学术搜索等数据库，进而使本研究获得更为充分、科学的理论依据。

1.2.1 话语权的研究

关于话语权的理论研究起源于西方，从文化学、语言学和哲学领域逐渐延伸到社会学、政治学和国际关系学等更为广泛的学科范畴。众多思想家、理论家的既有学说为话语权的相关研究提供了一定的理论基础和思想借鉴，比如：马克思和恩格斯的意识形态学说、约瑟夫·奈（Joseph Nye）的"软实力"理论、列宁的"软国家机器"思想、尤尔根·哈贝马斯（Jürgen Habermas）的话语民主理论、安东尼奥·葛兰西（Antonio Gramsci）的"文化领导权"理论、米歇尔·福柯（Michel Foucault）的"权力话语"理论、让·鲍德里亚（Jean Baudrillard）的"拟像"理论和皮埃尔·布尔迪厄（Pierre Bourdieu）的"语言象征性权力观"等（陈正良，2016；赵志伟等，2020）。

意大利共产主义思想家葛兰西（Gramsci，1971）在列宁理论的基础上创立了文化领导权理论。葛兰西认为，文化和意识形态领域领导权的获取是夺取政治领域强制力和意识形态领导权的先决条件。政权的维持实质上是对民众思想潜移默化地控制和影响，往往通过较长时期的柔性方式达到传递其价值观的目的，使得民众思想呈现被统治和服从的状态。葛兰西文化领导权理论的内核可以被视作话语权概念的雏形，是之后话语权相关研究的重要参考，虽然未能明确地提出"话语权"的概念，但为话语权的研究奠定了理论基础。

首次将"话语权"这一概念独立提出的是法国哲学家福柯（Foucault，1971）。他认为"话语即权力"，明确地探讨了话语和权力间的联系。福柯曾在《话语的秩序》这一演讲中指出，从语言学和政治学的角度表明话语的实质是政治统治力和控制力的表征之一，"话语是必须抢占的力量"。与此同时，福柯的微观权力理论将政治学和社会学相结合，认为话语权在网络状的空间中无所不在，通过不对称的话语流动发挥其不被放弃的权力作用，与话语共生而不被控制（Musambira，2008）。综合权力话语理论，福柯全面地表述了权力、知识和话语间的同构关系（尤泽顺，2018）。

法国哲学家布尔迪厄（2005）在福柯权力话语理论的基础上总结形成了"语言象征性权力观"。布尔迪厄认为，话语表达者即强势话语方拥有制定规则的权力和机会，这些规则有力地保障并巩固了话语权既有者在资本较量、权力体系、网络结构等各方面的自身利益（高宣扬，2005；皮埃尔·布尔迪厄，2005）。

国内最早的话语权相关研究是《批评中的"抢占话语权"》一文，发表于1994年，相较西方略晚（佚名，1994）。不同学科领域的国内学者对话语权的理解有所差异，因此话语权这一概念尚未统一，目前主要归纳为四种代表性观点。一是传播学和社会学视角的观点，认为话语权即话语权利，是一项不被放弃、不受控制、不可剥夺的基本权利。学者张旭霞（2006）基于个体视角认为话语权的实质是指个体在社会上话语表达的机会、传播力和影响力。二是政治学和国际关系学视角的观点，认为话语权即话语权力，语言是权力结构的体现。三是对前两种观点的综合，认为话语权具有权利和权力的双重属性，即话语权是话语主体在借助话语实现表达过程中体现出的权利和权力的统一。学者郑杭生（2011）指出话语权是"权"的主体与客体、说话权利和说话权力、话语资格和话语权威的统一。学者骆郁廷等（2014）认为话语权是话语对人的思想及行为产生影响和引导的过程中所体现出的权利和权力。四是认为话语权是一种能力的体现，如控制力、引导力、影响力和支配力等，更多地体现在吸引力、认同感等精神层面（陈力丹等，2010；乔夏阳等，2010）。

（1）社会文化视角下的话语权

当前，这一领域的理论研究主要集中在通过质疑反思他人和自身的形式性表达，来重新建构论述体系和行动指南，从而达到意识性提升的目的。社会文化视角下的话语权研究不可避免地涉及表述者与被表述者的话语机会差异，在表述者克服自我表达偏见与话语权力滥用和被表述者克服自身被异化、消声与宰制的过程中，深度触及了话语权的问题，主要体现在对社会权力分配与权力力量间交互的相关解析。

20 世纪以来，社会三大核心议题是阶级斗争、种族矛盾与性别冲突（陈顺馨等，2004），话语权的相关研究也主要围绕这三大议题展开。斯皮瓦克（Spivak，1988）从文化研究角度阐释话语权被西方国家掌控后的外在表现，指出强势国家透过多种作品形式宣扬价值观念，混淆既有历史，美化侵略行为，以实现巩固其殖民结果的目的。费尔克拉夫在《语言与权力》中全面论述与解读了话语与权力之间的关系。研究学者在借助福柯（Fou-cault，1980）社会权力理论的基础上解读文化研究文本，运用各种研究视角和研究方法来分析并挖掘社会阶级矛盾和权力秩序，主要集中在殖民时代与后殖民时代（亨廷顿等，2012；Sardar et al.，2002）。我国的历史中与此产生关联的是半殖民地半封建社会，而殖民与半殖民的区别在社会学视角下的话语权研究中也产生了差异。我国的相关研究数量较少，如毛思慧（2006）、林彦虎等（2018）的研究也是在关联全球背景的前提下对话语权展开讨论。这些根植于种族矛盾的话语权研究集中在话语权强势国家，由此衍生的跨文化或同种族强弱势阶层的话语权研究也在同步深入，这里自然而然分为了强权阶层和弱势阶层两个视角。跨文化的强权阶层话语权研究不仅包含同种族强权阶层意识暴力的特征，更多的研究是关于跨文化共性和以强话语权一方为弱势阶层代言从而剥夺真正的弱势阶层发声机会这两方面内容，其中的代表性研究学者为赛义德（Said，1978；赛义德，1999）和斯皮瓦克（Spivak，1987）。我国的相关研究特别是聚焦弱势阶层的研究相对较少，基本上停留在对某一弱势群体生活、文化样态的描述与反映，如陈桂棣等（2004）对我国"三农"问题的研究，在话语权视角下对弱势者的系统性研究较少。在话语权的性别议题方面，约瑟芬·多诺万（Newton，1997）和萧瓦特等（Showalter et al.，1978）及其他学者在挑战阳性逻各斯中心主义的出发点上，着眼不同性别学者的作品，从而透过性别视角对话语权加以研究。斯皮瓦克（Spivak，1987）和贝尔·胡克斯等（Hooks，1996）学者关于话语权的代表性研究则是将性别议题与种族矛盾结合起来关注与讨论。我国的性别视角话语权研究的学者有李银河（1995；1996）、艾华等（2001），同时我国的话语权研究也有阶层和性别两种视角相结合的研究趋势（马春华等，2011）。综上，社会学与文化学视角下的话语权研究围绕依附化、定型化、颠覆化和边缘化这几大特点交织呈现。

（2）政治话语权

政治话语权从政治学和国际关系学角度出发，围绕政治权力关系展开对话语内容和话语表达的相关研究，是话语权研究的主要分支与较早的研究方向。Wang（2019）对自由贸易协定（FTA）谈判中所体现的话语权进行了阐述。西方学者在国际关系研究中，认为国际话语权是国家软实力的表现，有学者认为通过推动公众话语权建设可以促进司法制度完善（Fu，2015）。在国内，学者则更多关注意识形态话语权的研究，以维护我国意识形态安全。比如学者侯惠勤（2014）认为话语权是意识形态领导权的实现方式，争夺话语权不仅要关注主题的根本性话语，还要关注话语的细节。学者张新平等（2017）将话语权定义为在国际社会上发表意见、输出价值、制定规则、参与事务等方面所体现出的权利和权力，并在探讨国际话语权概念的基础上进一步阐述了话语权的表达渠道。

面对话语权定前途的迫切局面，争夺话语权日益成为国际竞争的常态化形式。因此，话语权问题的相关研究逐渐受到重视，成为各学科领域的研究重点和研究热点。

（3）媒体话语权

随着互联网进入人们生活的方方面面，网络媒体成为现实社会思想文化交流的重要途径，媒体话语权在网络舆论传播中起到重要作用，国内外均有一部分学者聚焦于此领域的研究。在国际上，Yakoba 等（2015）介绍了媒体话语权的认知机制，也有学者研究了媒体话语权在集团商业运作中的应用，还有学者认为对网络舆情的管控能力可以体现政府机构的话语权（Lei，2017）。在国内，学者们主要研究如何通过网络增强人们的文化自信，通过媒体宣传增强国际传播能力，营造良好的国际舆论氛围（陈伟球，2014）。媒体作为当今社会重要的信息传播工具和表达渠道，特别是新媒体的高速发展对大众产生了渗透式的影响，激发了学者们对媒体话语权这一主题的研究热情。Pan 等（2019）学者从《中国日报》这一媒介入手，以美国尤其是在特朗普任期内在话语构建中的表现为参考，探讨了我国媒体话语权与国家软实力间的关系。当下，以元宇宙、短视频为代表的新媒体的崛起为媒体话语权相关研究带来了崭新视角。

（4）特定主体话语权

从表达者和被表达者这一关系视角来看，特殊群体话语权的研究主要聚焦于弱势话语群体，如性别议题中的女性和性少数群体人士、民族议题中的少数族裔等。Naidoo 等（2019）探讨了在线游戏社区中的性别议题，以南非地区涉及社会包容性的性别话语权斗争信息作为研究参考。

在当前的社会科学研究中，结合我国国情的意识形态领域话语权问题相关研究也备受瞩目，不仅包含马克思主义中国化在话语权领域的体现，也包括以社交平台、高等院校等话语主体作为出发点对意识形态话语权问题的进一步探索（杨昕，2012；张志丹，2017；聂智等，2016；白立新，2018）。与此同时，多元的话语主体使得聚焦某一群体的话语权研究也有相当的研究面向与研究价值，如学术话语权等（刘晓亮等，2010；郭三娟等，2018；赵杨，2019）。

（5）话语权的话语体系

在构建中国国际话语体系的号召下，国内出现了一批话语体系的学术研究成果（邵鹏等，2018）。比如，阮建平（2003）认为通过适当的话语方式进行自我表达是参与国际秩序建设的重要手段，谢伏瞻（2019）研究了中国特色社会科学话语体系发展的核心目标与主要途径。

综上所述，国内外学者在话语权研究上已取得了一定进展，然而国内关于话语权的研究起步较晚，理论基础相对薄弱，系统性的研究成果较少，针对话语权的评价研究较少。伴随部分学者对组织、机构和群体的话语权展开研究，研究对象较之前有所丰富，但仍主要集中于理论研究范畴，综合系统的实践应用与方法研究较少，尚有丰富的研究视角和研究主题有待挖掘（赵蓉英等，2019）。本研究在梳理既有研究成果的基础上，厘清了科技型企业专利话语权的概念、形成机制及构成要素，构建了科技型企业专利话语权评价模型，并选取通信企业进行了实证研究，利用企业社会网络分析、相关性分析、回归分析等方法讨论将其应用于科技型企业专利话语权评价的有效性与合理性。

1.2.2 专利话语权与专利评价

话语权的相关理论更早地出现在西方学者的研究成果中，但其中对专利话语权的相关研究较少。国内学者关于专利的相关研究走过了从制度诠释到理论建构的探索过程，围绕专利的基本概念、基本范畴、法律体系、法律制度、历史沿革、价值评估、学科交叉、模式应用等多个面向进行纵深研究，实现了从实践经验到理论制度的阶段性转变。这并非意味着研究主题的割裂，而是在目前的研究中呈现实践与理论的连接和融合特征，在对现有的理论表达和制度体系不断参悟的同时，也注重专利实践中对理论制度的应用和把握，从而形成实践与理论互相服务、共同升华的研究逻辑链条。正如晚清法学家沈家本（1985）所论："大抵中说多出于经验，西学多本于学理。不明学理，则经验者无以会其通；不习经验，则学理亦无从证其是。经验与学理，正两相需也。"

（1）专利话语权的研究

通过文献调研发现，我国的话语权研究起步于 2000 年之后，在并不充足的研究周期内尚未形成系统的代表性研究成果。同时，相关的国家级项目在近几年才逐步获得重视，有关科技型企业专利话语权的国家自然科学基金项目仅有 2015 年的"企业竞争国家标准话语权的影响因素与经济后果研究"。黄鲁成等（2013）学者通过计算新技术出现前后的属性集相似度来测度颠覆性强度值，以专利数据为依据建立了颠覆性技术识别框。学者马克·罗素（Russell，2016）使用收益法和研发支出总和法来评估药品无形资产的价值，并认为该方法对于药品类专利价值评估具有适用性。学者郭状等（2020）以专利引用滞后期作为专利价值的代理变量，运用 Cox 比例风险回归分析方法以人工智能领域为例进行了实证分析，探究专利价值的影响因素。

自 2008 年起，我国国家知识产权局开展了连续性的全国专利调查工作。目前，专利调查已成为获取专利权人和专利数据的重要而有效的渠道。依照《中华人民共和国统计法》及其实施条例规定，国家统计局制定了专利调查统计调查制度。中国专利调查项目的主要目的是全面深入掌握我国专利创造、运用、保护和管理的发展情况，调查我国专利权人基本信息、专利活动情况等资料，服务于知识产权等领域的创新政策制定。

（2）专利制度的研究

早在 20 世纪五六十年代，国外部分学者已经围绕不同视角对专利制度展开了研究。例如，Machlup（1958）、Penrose（1973）就经济学视角下的国际专利制度进行了分析；Nordhaus（1967）、Scherer（1972）主要围绕专利制度中的专利保护长度问题展开讨论；Gilbert 等（1990）、Denicolo（1996）在研究知识产权保护长度的基础上，进一步分析了保护宽度。

自 1998 年以来，很多国内学者也针对专利制度这一主题发表了相关成果，例如郑友德等（1999）关于专利制度对技术创新激励作用的研究，陈美章（1998；1999）对专利制度与技术进步、企业发展和经济形势的关系的相关研究，张鹏等（2002）围绕专利制度和科技创新关系的研究，刘华（2003）对中国经济增长问题中专利制度所发挥作用的研究，吴志鹏等（2003）从经济学意义出发探讨了专利制度并着重分析了三个专利制度激励技术创新的维度等。从既有研究来看，专利制度在经济发展和科技创新等方面发挥的积极作用已得到充分论证。

从专利制度这一论题进一步延展，与之相关的专利战略、贸易壁垒等相关问题也得到了学者们的广泛关注。杨兴宪（2002）在分析专利贸易壁垒带来影响的基础上，为我国打破贸易壁垒提供了战略层面的建议，围绕专利检索、专利转让、专利管理等各个环节采取相应措施，实现关键技术领域的快速突破。叶林威等（2003）则聚焦专利战略中的技术标准问题，通过分析技术标准在市场竞争中的重要意义和实质内涵，提出了有针对性的建议与对策。吴汉东（2004）以企业特别是跨国企业为研究对象，在对比我国加入世界贸易组织前后企业专利战略差异影响的基础上，分析了企业知识产权战略的必要性与重要性。戴翔（2006）主要研究了我国知识产权战略中应对国际性条款的部分，从而突显其战略重要性。戚淳（2008）就贸易壁垒的应对需求在分析专利预警机制的基础上，构建了专利预警体系和预警机制下的人工智能模型，该模型集专利信息全环节功能为一体。

在中国专利制度改革方面，徐海燕（2010）从理论层面提出了专利制度优化与改革的具体措施与路径，进一步强调了专利制度在国家社会层面的重要性。操龙升等（2019）基于专利保护的视角，运用随机前沿模型（SFA）和三次函数的库兹涅茨曲线模型相结合的研究方法，对我国专利保护水平与各区域技术创新绩效之间关系进行了实证分析。金鹤（2020）在《专利法》修改的背景下，探讨了专利制度改革提升专利价值和增强专利难模仿程度的机制，进而探讨专利制度改革对技术许可时机决策的影响。

（3）专利计量与评价

1）专利计量

充分利用专利信息，可以减少技术研发时间，降低技术研发费用。专利计量指对专利文献中的专利信息进行加工、组合，通过数据挖掘使这些信息具有纵观全局、预测趋势的功能，从而为国家科学技术发展、企业经营活动提供有效的竞争情报（马天旗，2015）。

赛德尔首先提出了专利引文分析的概念，并提出高被引专利相对重要的假设。半个世纪后，纳林在赛德尔研究的基础上，提出了专利计量学的概念，专利计量开始从文献计量、信息计量、科学计量中分离出来，成为一个独立的研究领域（Narin，1997）。国内外的研究内容可以分为以下四个部分。

a) 国际前沿的专利计量理论研究

在我国，专利计量研究起步较晚，因此，有一批学者专注于国外专利计量理论的研究。比如：栾春娟等（2008）使用文献计量的方法研究了国际专利计量的著名学者与研究前沿；邱均平等（2010）的研究对比了国内外专利计量的研究现状，发现国内学者的科研合作较少，且国内外研究热点有所不同。

b) 专利计量指标研究

纳林（2000）提出了两个专利计量评价指标，分别是即时影响因子（current impact index，CII）和技术强度（technology strength，TS）。陈达仁等（2007）修正了 TS 指标，提出了必要专利指数（essential patent index，EPI）指标。还有学者使用面板回归模型，从 H 指数、CII 和 EPI 三个维度探讨医药企业绩效与专利的关系，发现 H 指数与 EPI 对企业绩效有正向影响（Chang，2014）。邱均平等（2008）在前人指标研究的基础上，从宏观、中观、微观三个角度建立了专利计量的评价体系。与此同时，关于专利权人的指标研究较少。官建成等（2007）发现 H 指数可以应用于专利计量，评价专利权人的技术重要性、社会价值与影响，仅仅以被引用数据尚不能反映出专利权人的技术影响力。如何设计专利权人的评价指标体系是可以继续的研究方向。

有关专利质量评价指标的研究也累积了相当的成果，其中包括：前向引用数、权利要求数、后向引用数、同族专利数及审查期等（Albert，1991；Tong，1994）。一个专利家族往往包含同一专利在不同国家或地区的申请情况，因此同族专利数可以表征专利的使用范围（Sapsalis，2006）。Berger 等（2012）研究并验证了专利申请的策略差异对专利审查期的影响，发现对专利审查期的合理利用有助于必要专利的申请。

c）专利计量应用与实证研究

专利方面的实证研究是国内外学者最热衷的研究领域，在国际上学者更加关注专利与相关数据之间的关系。比如：哈佛大学的格里利兹教授（Griliches，1990）利用专利数据，研究了专利与研发费用之间的关系以及专利在技术变革中的作用。纳林（1995）用专利数据在政策层面研究了国家、地区的工业技术能力，在战略层面研究了公司的技术能力。并且，纳林等（Narin et al.，1997）还发现在工业技术领域，科研成果对于专利的产出存在一定的促进作用。有学者通过设计专利连接科技文献的方法，研究了不同领域、国家或地区的专利引文中科学文献的分布，发现世界技术创造力的来源是美国、欧洲的基础科学研究（Verbeek et al.，2002；2003）。

国内的专利计量实证研究更注重挖掘行业的技术前沿，识别创新机会，以期为行业发展提供促进与指导。比如，杨曦等人使用专利分析的方法对我国的石墨烯产业、人工智能产业、芯片产业与 5G 通信产业的现状和竞争态势进行了研究（杨曦等，2017；陈军等，2019；杨武等，2019；袁晓东等，2019）。

d）专利计量工具研究（包括专利数据库、专利索引等）

专利数据属于非结构化数据，在对专利进行计量分析时，对技术有着一定要求。为了方便专利计量研究，一部分学者致力于对专利计量工具的研究。有学者（Davidson et al.，1998）介绍了新的知识可视化工具 Vxinsight 在专利数据库映射和分析中的应用。王敏等（2009）介绍了国外 12 种常用的专利挖掘的可视化工具，并对专利分析工具的设计提供了建议。李宏芳（2013）对我国专利数据库的建设质量进行了探究，并针对问题提出了建议。

综上所述，国内外在专利情报分析方面的研究理论已比较成熟。但就国内研究而言，一方面仍然缺少关于专利计量工具的设计研发，另一方面专利评价指标与评价体系研究多引用国外文献，缺乏自主创新性。

2）专利评价

a）专利保护水平的评价

Rapp Richard 等（1990）是量化分析知识产权保护水平的较早期学者，他们通过统计被研究对象是否制定知识产权保护的相关法律来评价其保护水平，并将其划分为五个等级，评价过程中分别用 1、2、3、4、5 五个整数来定量分析。随后，Ginarate J C 等（1997）在这一评价方法的基础上作了改进，首先将评价指标划分为五个类别（知识产权的保护期限、知识产权保护的覆盖范围、知识产权的保护措施、知识产权的执法措施、国家是否为国际条约的成员），每个类别下又细分二级指标；量化计算时，对每个二级指标各赋 1 分，各类别取平均数之后再将每个类别的分数累加，得到最终的评价结果。之后的大量研究均采用了以上两种方法，如 Smith P J（2001）、Oxley J E（2004）等研究方法为前一种，更多的学者运用了 Ginarte - Park 指数进行研究，如 Fink C 等（1999）、Kumar N（2001）、Yang G 等（2001）、Falvey R 等（2004）、Xu B 等（2005）等。国内学者在司法制度与司法体系差异的前提下，无法完全按照以上提到的由静态指标构成的评价方法来进行研究，具体的实证过程中通常在 Ginarte - Park 方法的基础上作出调整，提出适合我国国情的评价模型与方法。

除此之外，还有学者在评价专利保护水平的研究方法上有其他尝试。Ferrantino M J（1993）在评价过程中不仅关注国家是否成为国际条约的成员，还要衡量国际条约或协议是否有效地实施。Mansfield E（1994）利用问卷调查法来进行评估。Kondo E K（1995）在研究过程中将定性与定量方法相结合进行综合评价。

b) 专利价值的评价

近年来累积的研究成果表明，专利作为最具代表性的技术创新衡量工具与衡量指标，对其进行科学分析意味着对所涵盖技术创新内容与属性的深度评估。Buchanan A 等（2011）学者采用专利分析方法构建了潜在颠覆性技术的评估系统。学者 Šoltés 和 Gavurová（2014）构建了基于专利记分片方法的企业技术创新能力评价指标体系，包含专利数量等众多评估指标。

1.2.3　科技型企业的专利工作与评价

（1）科技型企业的专利战略

国外对于企业专利战略管理的研究起步较早，在理论与实证两方面均有成果。富田彻男（2000）研究了国际知识产权制度下日本企业所面对的技术、法律、经济等多方面的竞争态势，从而探索了日本企业在专利问题上的立场和思考。Jenkins M R（1995）认为专利是企业收益的重要来源，具体体现在竞争优势、授权许可收益、经营收益、员工关系协调等方面。Ernst Maug（1998）认为企业的专利质量与专利战略影响着企业的销售业绩与长远发展。学者 Rama R 等（2003）对美国 103 家食品和饮料公司在 1977～1994 年的 16698 件专利进行了分析，得出企业的创新能力现状对企业的未来有持续性影响的结论。

国内研究起步略晚，但也在科技型企业专利战略的定义、内涵、划分、实施及实证分析等方面积累了相应的成果。盛智龙（1998）和郑友德（1998）分别对美国和日本的企业专利战略加以介绍，并在专利战略应用实践的基础上对其特点与功能进行了总结。周霞等（2003）研究了在技术创新中专利战略发挥的作用——主要体现为激励作用、资源配置作用和保护作用。戚昌文等（1995）、陆新明（1996）和李国平（2003）分别对专利战略的定义作出了解读。刘杰等（1997）和王秋凤（2003）

提出了在企业竞争中，以主导企业技术申请的基本专利为核心，以形成企业产品领域保护网为目的的专利网战略。刘凤朝等（2005）提出专利战略是企业长远经营的重要组成，是企业生存发展的重要途径，是提升竞争优势和获得经济利益的关键。毛锡平等（2006）学者认为企业专利是获取竞争优势的资源，进一步从战略理论资源学派角度分析了企业专利战略与持续竞争优势的关系。李玉剑等（2005）、任声策等（2007）、华鹰（2009）、刘继红（2018）和孙文芳等（2020）都探讨了企业专利与技术标准间的关联，在研究企业专利与技术标准关系演进的基础上，借助实际案例体现企业专利技术标准化战略的实施情况。

（2）科技型企业的评价

1）科技型企业的评价指标体系

郑勤朴（2001）提出企业持续创新能力定量评价指标体系应包含技术创新指标和制度创新指标，全面体现企业的能力。顾瑜婷（2006）在梳理企业技术创新持续运行过程和调查结果研究现状的基础上，构建了包含七个一级指标在内的评价指标体系。杨立生等（2007）所构建的评价指标体系包含企业研发、投入、产出、管理、制造和创新意识六个一级指标。陈金玲（2008）确定了评价体系所包含的主要内容，分别是经济效益实现能力、资源获得配置能力和发展机遇捕捉能力。学者李支东等（2009）所构建的评价指标体系主要包含可持续创新能力在技术、市场、管理和制度四个方面的具体体现，其中，管理层面的一级指标进一步细分为企业战略、企业文化、信息管理和知识管理四个二级指标。甘露等（2010）运用文献调研、德尔菲等研究方法，构建了包含科技创新基础、科技创新产出和科技创新管理三个一级指标在内的评价体系。彭龙希等（2021）运用循证研究方法定义了药品生产企业的核心竞争力及其构成要素。

2）科技型企业的评价方法

科技型企业的评价方法因视角、目的、对象等方面的具体差异表现出丰富性和更迭性，其相关研究是理论和实践层面的综合考量与演进，是与学科发展共生共荣的研究范式。当前，关于科技型企业评价方法的研究仍呈现出百家争鸣的局面，受到广泛认可的统一方法尚未出现。

唐炎钊等（1999）在评估科技型企业持续创新能力的过程中，借助灰色评估理论和逐一比较方法完成了相关研究。周毓萍（2000）较早地使用 BP 神经网络来进行评价，这一方法提高了评价结果的准确性。梅小安等（2001）评价企业创新能力所运用的方法为弱势指标倍数法。夏维力等（2005）以 MATLAB6.1 软件为设计和计算工具，基于 BP 人工神经网络建立了一套 BP 评价模型。Guan J 等（2006）构建的评价指标模型选用数据包络分析（DEA）方法作为其评价方法。霍映宝等（2007）创建了综合赋权方法来确定评价模型内的各指标权重。王章豹等（2007）在建立评价模型过程中选用了主成分分析法，并选取七个行业的相关数据展开实证分析。索贵彬等（2009）挖掘企业持续创新特征，进一步提出改进策略与建议。王伟臣（2021）利用甘肃省 2013～2017 年的相关数据，采用熵权法计算了甘肃省制造业创新能力相关指数。刘立燕等（2021）构建了区域科技创新能力评价指标体系，并采用 DEA 和灰色关联度分析法对湖南省的 14 个城市进行了实证研究。

1.2.4 国内外研究现状述评

从已检索到的国内外文献来看，对话语权、评价科学、科技型企业单独开展研究的文献较多，相关研究主题取得了一定的进展，但专门针对科技型企业专利话语权评价研究的文献还十分有限。无论是国内还是国外，与之直接相关的研究仍然处在起步阶段或者发展阶段，缺少整体上的系统研究，缺少被普遍认同的具有高度和深度的研究成果。

（1）专门论述科技型企业专利话语权评价科学的理论研究较少

笔者在文献调研过程中发现，既有的研究成果大多是围绕"话语权"、"科技型企业"和"评价科学"这三个主题分别展开的，几乎没有专门论述科技型企业专利话语权评价的研究文献。科学评价的实践活动由来已久，但科技型企业专利话语权评价的理论与应用研究方面仍缺乏系统性和综合性。由于我国在评价科学理论与方法方面的研究稍显滞后，尤其是系统性、综合性的评价科学理论和方法的研究成果非常稀少，缺乏从学科角度进行理论升华和系统研究，在我国不仅从学科意义上来讲的评价科学始终未能独立地凸显和成长起来，而且为各行业各领域的评价科学实践活动提供理论指导的力度也远远没有发挥出来。因此，在当前大数据时代的国际国内形势下，专利话语权的评价理论、评价指标设置、评价方法选用等方面还需要进一步的商榷、探索和逐步完善。反思当前专利话语权的评价科学理论、方法及应用体系中存在的问题，一定程度上可见当前科技型企业专利话语权的评价科学缺乏权威的、公认的评价体系和标准。

（2）科学系统的科技型企业专利话语权评价指标体系和方法研究较少

不同的研究面向催生了丰富多元的评价方法。"五计学"的发展使得评价方法实现了从单纯注重学术影响力的计量向以社会影响力和社会关注度作为重要补充的评价方法的逐步完善。评价方法需要根据研究背景与研究需求实现动态发展，一方面是将已有的多种评价方法有机结合，另一方面也要不断实现跨领域、跨学科借鉴学习评价工具与方法的创新，从而推动形成更加科学系统的专利话语权评价方法，更好、更准确地应对当前复杂多变的国际国内形势中快速全面的评价需求，参与、挖掘并提出具有影响力和公信力的观点与表达。

当前，科技型企业专利话语权评价科学的理论和方法基础薄弱，尚未实现完整评价模型下依据不同评估对象动态选取评价指标输出结果的可操作性框架。有关评价体系的研究已积累了一定的成果，但更具系统性、科学性和针对性的研究仍然是当前的研究缺口与热点，特别是专门围绕科技型企业专利话语权评价的研究较少。同时，在评价模型内的方法选取上，聚焦不同的研究主题与研究对象，仍存在相当大的探索空间。

（3）科技型企业专利话语权评价科学应用研究较少

目前关于评价科学的应用研究主要集中在对某一评价实践的挖掘分析或某一主题评价应用的经验总结。研究范围进一步缩小到话语权评价科学这一领域，受话语权这一主题自身的学科侧重的影响，已有的研究成果更多地局限在政治学、哲学和经济学等学科领域，使得有限的研究成果在推广性、应用性和影响力方面更加受到挑战。面对当前评价科学理论研究与实践应用研究进度不相匹配的局面，实现理论研究与实践研究间的积极良性循环和科学及时转化，进一步丰富科学评价理论和指导科学评价实践，是科技型企业专利话语权的科学评价理论研究和应用实践的共同目标。

基于上述背景，本研究对科技型企业专利话语权评价理论框架、评价模型进行了探索性研究，并使用数据分析方法对科技型企业专利话语权进行了评价实证研究。具体而言，首先，以话语权、科技创新、评价科学、社会网络、专利分析等理论与方法作为本研究的基础支撑，对其进行阐述。其次，分析了评价对象相关理论问题，构建了科技型企业专利话语权评价理论框架。再次，通过对二级评价指标的设计、评价指标的处理与量化、评价方法的设计构建了科技型企业专利话语权评价模型，并对科技型企业专利话语权评价指标特征进行了分析。最后，以通信企业为例，对科技型企业专利话语权评价进行了实证，包括评价指标权重计算和评价结果综合讨论，并基于上述研究结果提出了对策与建议以提升科技型企业专利话语权。

1.3　主要研究内容与方法

1.3.1　主要研究内容与框架

本研究通过对当前复杂的国际形势和飞速发展的科学技术引发的话语权评价需求的分析，确立了科技型企业专利话语权评价模型的构建基础；构建以引导力、传播力和影响力为核心评价指标的理论框架，探索适用于智能时代的评价科学理论体系；探索立足于科技型企业的专利话语权评价模型与评价方法，围绕多个维度对关键领域与关键技术进行研究。根据国家创新战略和科技发展现状，选取具有代表性的行业领域对科技型企业专利话语权评价体系进行实证分析，实现科技型企业专利话语权评价理论与方法的有效检验，切实服务当前国家和企业的发展需求。

按照提出问题—分析问题—解决问题的思路，本研究从理论、方法与应用三个层面对科技型企业专利话语权评价理论框架与评价模型（指标与方法）进行了探索性研究，基于科技型企业专利话语权的产生过程，从话语权构成要素出发构建了评价框架。具体研究内容如下，研究思路与框架见图 1-1。

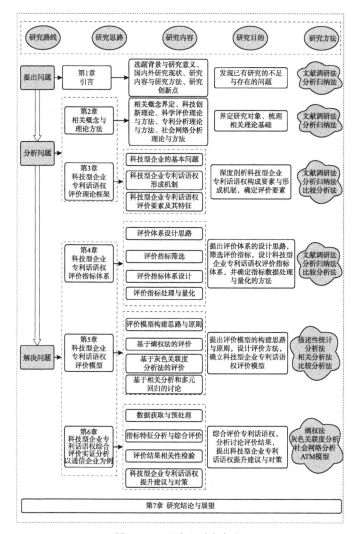

图 1-1　研究思路与框架

注：ATM 模型（Auther - Topic Model）由 RosenZvi 等学者提出，用于挖掘作者的研究兴趣。

第 1 章引言。该章首先对选题背景与研究意义进行阐述，其次从话语权、专利话语权与专利评价、科技型企业的专利工作与评价三个方面梳理了与本研究相关的国内外成果,最后分别阐述了本研究的研究内容与框架、研究方法和研究创新点。

第2章阐述了相关概念与理论方法。该章首先在梳理国内外研究现状的基础上对本研究所涉及的相关概念加以界定,其次介绍了与本研究相关的主要理论与方法,包括科技创新理论、科学评价理论与方法、专利分析理论与方法和社会网络分析理论与方法。

第3章分析了科技型企业专利话语权评价理论框架。该章首先阐述了科技型企业的特征、功能和类别等基本问题,其次基于专利信息传播过程分析了科技型企业专利话语权的形成机制、构成要素及其特征。

第4章设计并筛选了科技型企业专利话语权评价指标以形成体系。该章首先在文献调研的基础上筛选科技型企业专利话语权的评价指标并进行相关性分析,其次制定符合研究对象的科技型企业专利话语权评价指标体系设计原则与标准,最后确定科技型企业专利话语权的评价指标并对其进行适用于后续研究的处理与量化。

第5章构建了科技型企业专利话语权评价模型。该章首先阐述了科技型企业专利话语权评价模型构建的思路与原则;其次在对科技型企业专利话语权各评价指标进行处理与量化的基础上,对评价方法进行了设计与选择,包括基于熵权法的有效专利质量评价和基于灰色关联度分析法的科技型企业专利话语权综合评价;最后确定了多方法融合的科技型企业专利话语权评价模型。

第6章以通信企业为样本进行了科技型企业专利话语权评价实证分析。该章首先通过对样本数据的采集与预处理,围绕三个一级指标——引导力、影响力和传播力,结合通信企业的特点对二级指标进行特征分析;其次基于灰色关联度分析法对通信企业专利话语权进行了综合评价，在计算指标权重的基础上对评价结果进行分析；再次借助社会网络等分析方法对通信企业专利话语权的评价结果进行讨论；最后基于实证评价结果提出了包含完善专利活动体系环境、提高专利创新引导力和提升专利成果影响力三个方面的科技型企业专利话语权提升建议与策略。

第 7 章为研究结论与展望。该章对本研究的主要内容与结论进行了总结，梳理了研究过程中的局限与不足，并在此基础上提出进一步的研究计划。

1.3.2　研究方法

基于定性研究与定量研究相结合、理论研究与实证研究相结合的理念，本研究综合选取传播学、图书情报学、评价学、计算机科学等多学科方法对选题进行了研究，以期取得创新性成果。主要的研究方法和研究工具如下。

（1）文献调研法

在对国内外研究现状的梳理过程中，利用 Web of Science、ProQuest、CNKI、Google Scholar、Microsoft Academic Search 等专业数据库工具和开放存取平台，收集国内外相关文献研究报告等。利用上述工具的检索结果聚类、学术趋势分析和资源推送功能，使用文献计量学方法和 SPSS 等分析软件，研究国内外专利话语权评价科学，剖析科技型企业专利话语权评价科学的现状，并使用 Endnote、知网研学等文献管理工具进一步提高文献调研的效率与准确性。

（2）信息计量法

本研究对信息计量方法的使用贯穿研究的各个环节，涉及可视化分析、引文分析、共现分析等，同时在研究文献的计量关系过程中采用了文献分析软件 Excel、DTA 和 VBA 等工具以实现共现聚类分析。可视化分析法主要借助专业的信息可视化软件和社会网络分析软件 Ucinet、Netdraw、Pyecharts 等对研究结果通过图形方式展现，以生动、直观、形象地反映研究结果及其特点。

（3）社会网络分析法

社会网络分析法（social network analysis，SNA）是社会学研究中常用的方法。将人与人之间的关系构成的网络称之为社会网络，并通过分析网络中的节点属性、网络结构属性来了解人类社会关系。本研究利用社会网络分析法对科技型企业专利话语权网络进行了研究，采用点度中心性、中介中心性、接近中心性、网络密度、聚类系数等指标对科技型企业专利话语权网络结构的演化特征进行了分析。

（4）综合评价方法

综合评价是针对研究对象建立一个可测评的指标体系，利用一定的方法或模型，对收集的资料进行分析，对被评价的事物作出定量化的总体判断的过程。本研究构建了科技型企业专利话语权评价指标体系，并结合相关分析、熵权法、灰色关联度分析法选取指标、设计权重，通过数学建模法建立科技型企业专利话语权的评价模型。

（5）比较分析法

对国内外的评价科学指标体系进行对比分析，对大数据新媒体背景下专利话语权的评价科学理论、方法、程序和体制进行深入分析和探讨。

（6）实证分析法

实证分析法是通过选取适用于当前社会或学科现实需求的事例和经验等，从理论层面完成推理说明的分析方法。基于研究需求，本研究对科技型企业专利话语权评价模型进行实证分析，实现对评估结果有效性的验证研究，提升向政府相关部门和企业提交相应对策建议的科学性和可信度。

1.4 研究创新点

（1）提出并解构了科技型企业专利话语权评价的内涵与要素。本研究面向当前话语权争夺的背景需求，结合话语权评价、专利评价和科技型企业评价的相关理论与方法，厘清了科技型企业专利话语权评价的概念，并对其基本问题与形成机制加以阐释；在综合传播学、经济学、政治学、情报学等多学科的基础上，对科技型企业专利话语权的构成要素进行了解构与分析，为进一步明确适用于科技型企业专利话语权评价的相关指标提供了理论基础与研究维度。这为专利评价提供了新的视角和思路，丰富和发展了现有评价科学的理论体系。

（2）构建了科技型企业专利话语权评价指标体系。本研究基于文献调研法对专利评价指标进行了分析与遴选，在此基础上选取了话语主体、话语内容、话语媒介、话语客体和话语效果这五个要素，围绕传播学相关理论对科技型企业的专利话语权的构成要素进行分析，从专利布局、专利研发、专利运用、专利保护、专利管理和专利转化维度对科技型企业专利话语权评价的三个一级指标——引导力、影响力和传播力进行解析，结合科技型企业专利话语权的形成机制，构建出包含有效专利数量、同族专利指数、有效专利质量、专利研发投入费用、科技活动人员占从业人员比重、标准必要专利数量、属地政策、所属行业协会/技术委员会成员数量、专利平均引用次数、专利国际保护范围、专利诉讼数量、专利交易数量、专利收入等二级指标在内的科技型企业专利话语权评价指标体系，可以为有关部门进行科技型企业专利话语权评价提供理论借鉴和实践依据。

（3）设计了多元融合的科技型企业专利话语权评价模型并

进行了实证分析。专利话语权评价是一个跨学科的命题。本研究运用跨学科的理论和方法，结合情报学、教育评价学、计算机科学、管理学、政治学、统计学、经济学、传播学等相关学科理论，针对复杂多态的数据来源、数据类型及数据特征，引入熵权法、灰色关联度分析法、相关性分析、回归分析等方法并进行调整，设计了基于该评价模型的综合评价方法，从而得出各企业的专利话语权综合排名与单维度评价结果，在促进学科交叉融合研究的基础上，尽可能丰富多元地展示评价结果。

第2章 相关概念与理论方法

科技型企业专利话语权评价涉及多学科研究领域，梳理与阐述相关概念和理论方法是保证研究顺利进行的前提和基础。本章首先对话语权及科技型企业专利话语权等概念进行了界定，然后梳理了本研究涉及的相关理论与方法。

2.1 话语权与科技型企业专利话语权

"专利话语权"是本研究的核心概念，但目前查阅相关研究文献，学术界尚未对"专利话语权"一词进行明确的概念界定与要素剖析。因此，本研究在进行科技型企业专利话语权评价体系设计之前首先界定专利话语权的概念与内涵，并明确科技型企业专利话语权的特色与要素。

2.1.1 话语权

提到话语权，在文化学和语言学研究中通常将其分解为"话语"（discourse）、"语力"（dispower）和"权力"（right/power）这样几个语词来加以理解。从构词角度看，"话语权"一词为组合性词汇，可以进一步拆分为"话语"和"权"两个词，其中"权"的含义较为广泛，可以指权利或权力。那么，由"权"这一语词含义进一步解读话语权，可以产生两种解释，一是泛指人们所享有的自由表达的权利，二是特指话语主体（如国家、组织、个人等）在某一领域的影响力（刘海润等，2012）。话语权作为话语－权力的简称，着重体现为运用话语表达意见、影响决策、维护利益的机会。因此，具有话语机会是实现话语权的先决条件，进而扩大自身影响，直至拥有决定性的话语地位。随着社会变革、经济发展和科技更迭，话语权这一社会文化学的概念正在被社会各界广泛提及，受到学者们越来越多的关注。与此同时，行业领域内话语权这一提法也日渐成为讨论与关注的热点，众多企业已经意识到掌握和增强话语权的重要性，因此，科技型企业专利话语权这一概念拥有了更为广泛的社会意义。

（1）"话语"的含义

"话语"对应的英文单词为"discourse"，来源于拉丁文"discursus"。《现代汉语词典》（中国社会科学院语言研究所词典编辑室，2016）[516]将"话语"定义为"说出来的，能够表达思想的言语"。《中国百科大辞典》（中国百科大辞典编委会，1990）将"话语"定义为"在语义上可以表达一个相对完整的意思或思想的一句以上的话语或书面上成段的语句"。因此，根据语言学上的解释，可将话语定义为是由话语主体说出或写下的有含义的语言或文字，可以包括文献、论著，也可以包括演讲、采访。西方语言学家认为"话语"是在具体语境中应用的言语（parole），它的意义由语境来确定，因此话语具有语境性。随着"话语"含义的不断丰富，话语在社会学中也有应用。在社会学中，话语是社会主体之间的互动现象，是在交际中出于对社会关系建立、维护等目的，经过自然语言的编码处理形成的产品，因此话语具有传播性与目的性。综上所述，本研究认为语言学中的"话语"

包括语境性、传播性与目的性三个特点。

（2）"权"的含义

根据《现代汉语词典》（中国社会科学院语言研究所词典编辑室，2016）[1036] 的解释，在本语境下的"权"可作两方面的解释：一是支配或指挥别人、社会、舆论、规则的力量，是一种权威、权力的表现；二是应当享受的福利。《布莱克维尔政治学百科全书》将"权利"定义成一种正当合理的要求，与平等、自由、道德等力量的意义相似。在话语权语境下，研究对象为话语的权力，是一种能力、力量的表现。"权利"的含义并不符合要求，"权"应该使用第一种表述方法，即"权力"。"权力"对应的英文单词为"power""authority"，是行为主体在一项社会活动中，不顾其他参与活动的行为主体的意愿与抵抗行为而实现自己目的的能力。话语权中的"权力"媒介是各种话语形式，话语形式的实现过程体现着话语权的实现水平——这里的实现过程由组织、执行、影响、转化等诸多环节构成。同时，对实现过程的解构也意味着对"权力"体系的解构，由各环节所映射出的权力形式是组成权力体系的多维视角。权力不仅是作为权力主体的一方影响甚至改变另一方的行为与观点的能力，即权力的影响力特征；还是能够将个人意志通过武力强加在其他行为主体意志之上的能力，即权力的引导力特征。因此，本研究认为"权力"包括影响力、引导力两个方面。

根据前文对"话语"与"权"的概念界定，本研究认为"话语权"不仅仅是话语主体表达主体思想的权利，更是话语主体通过语言、文字或者其他渠道表达并传播话语主体的观点，达到维护主体意志、影响其他主体决策、提升主体支配他人能力与程度并维护话语主体自身利益的目的的能力。因此，在"话语权"中，话语是基础，权力是目的与保障。在话语权的语境中，话语的目的是得到权力，话语权的特点之一为话语的传播力。根据前文对"权"的含义分析，本研究认为"话语权"还包括"权力"的影响力与引导力两个方面。因此，在话语权中，"话语"为手段，获得"权力"为目的，对"话语权"进行评价就是对"话语"达到的效果进行测量。

2.1.2 专利话语权

话语权的含义非常广泛。由于话语具有语境性这一特点，根据话语权所处的语境的不同，话语权可以分为政治话语权、金融话语权、意识形态话语权、学术话语权等（张新平等，2017）。本研究的主题为科技型企业的专利话语权，需要首先明确专利话语权的含义。

2016 年，人民日报在《中兴发力专利话语权》一文中正式采用了"专利话语权"这一提法，文中提到通信行业的专利池、《专利合作条约》（PCT）、标准必要专利、5G 等众多关键词，但并未对"专利话语权"作出明确的定义（吴姗，2016）。

（1）专利与话语权

专利本身即为个人提供了打造话语权的平台。数据统计显示，全球 70%以上的专利是由个人完成的。专利本身的属性即与话语权难舍难分。

专利是发明创造人或其权利受让人对特定的发明创造在指定地区一定期限内依法享有的独占权。从现代汉语的相关解释看，专利通常细分为两种含义。一是意为"独自占有"，通常在日常口语中运用。二是在知识产权领域的运用，具体又划分为三种类别：首先是法学层面的专利权，其次是技术层面的专利技术，最后是文本层面的具体物质文件，指记载发明创造内容的专利文献或各专利主管部门颁发的确认申请人对其发明创造享有专利权的专利证书（冯晓青等，2010）。在本研究中，主要选取的是专利在知识产权层面的第二种与第三种含义的综合：专利是受法律规范保护的发明创造，并由专利主管部门依据发明申请颁发一种文件，这种文件叙述发明的内容。

专利的保护有时间和地域的限制。在本研究中，"专利"这一概念一般情况下限定于发明专利。

1）专利立法

关于专利的起源，一部分学者认为古希腊 Sybaris 的独占权为其原型，另一部分学者则认为源自罗马帝国时期的行会，目前学界就此尚未达成一致。关于首部现代专利法的追溯，绝大部分学者认为是 1474 年颁布的威尼斯专利法，同时，认同专利制度也起源于 15 世纪的威尼斯（竹中俊子，2013）。20 世纪 80 年代之后，成文专利法的调整促使专利向科技应用方面转变，如美国的生物技术企业开始获得专利使用权（NIH，2003）。图 2 - 1 和图 2 - 2 分别呈现了专利在世界和我国的立法进程。

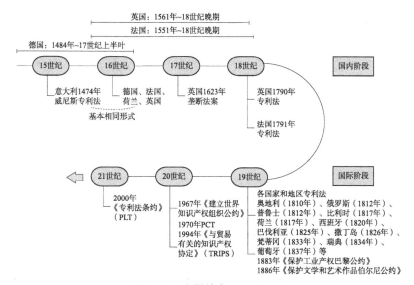

图 2 - 1　世界的专利立法进程

资料来源：Walterscheid，1994；Drahos，1998；崔国斌，2005；Penrose，1950；张韬略，2003。

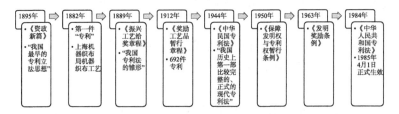

图2-2 我国的专利立法进程

资料来源：太平天国历史博物馆，1962；汤宗舜，2003；吴钦缘，2000；孙羽等，1998；王培，1997；赵元果，2003；张东刚，2004；王雪，2015；史轩，2008；王若瑜，2017；崔国斌，2012。

《中华人民共和国专利法》（以下简称《专利法》）分别在1992年、2000年、2008年和2020年进行了四次修正，目前采用的是于2021年6月1日正式施行的版本。

2）专利特征

《专利法》第二十二条要求授予专利权的发明"应当具备新颖性、创造性和实用性"。在美国的专利法中，相应表述为新颖性、非显而易见性和实用性，而在欧洲专利法中的表述是新颖性、创造性和工业应用性，言辞表述有所区别，术语内的具体要求也有差异，但概念上的三位一体是专利法的共同特征，是专利性的最低要求（Wadlow C，1998；竹中俊子，2013；崔国斌，2012）。

3）专利制度

伴随当今社会发展主要经济要素的转变，由知识转化而来的专利在受到国家与企业重视的同时，也成为国家与企业制定竞争规则的依据和实行垄断竞争的手段。专利制度与专利战略是科技型企业的重要影响因素，从贸易投资全球化的背景来看，两者与科技型企业和企业专利的竞争力密切相关。在通过技术创新实现经济发展模式转换的经济新常态时期，把握专利战略与专利制度，对于专利话语权的评价和企业的竞争与发展都有着重要的意义。

从客观性的角度来概括专利制度的功能，具体表现为技术研发与创新、信息公开与传播、商业开发与贸易。当专利尚未存在时，专利制度所设置的独占/垄断权对于专利研发产生了激励。从专利技术角度看，专利技术的不断创新有赖于前期专利的研究基础。从专利回报角度来看，专利投资的收益也是发明人持续进行发明创造的重要保证。专利信息的合理公开可以避免技术研发的重复性浪费，推动技术领域的快速发展，维护专利技术转让许可的交易成本的稳定。商业化开发是专利研发的重要激励性前提，对于专利和由此产生的产品或服务的保护、准入、投资、转移等都是跨国贸易的重要实践（崔国斌，2012；Richard，2003）。

（2）专利话语权的政策制定

追溯历史，政府推出的最早的技术创新相关政策是专利制度，这一制度对于提升国家科技创新能力和促进经济发展作用显著。1474 年，威尼斯正式将发明专利作为一种法律制度。1674 年，专利制度被引入了英国。截至 1980 年，已有近 150 个国家和地区制定了专利法（王廉等，2008）[125]。总体而言，如表 2 - 1 所示，部分国家在建立并巩固专利话语权方面的政策落脚点主要表现在：一是将推动科技创新和保护知识产权作为在经济发展调控框架内的明确目标之一；二是为研发、投资与技术创新相关的项目提供优先级；三是在保障创新风险保底管理的基础上鼓励技术研发；四是对具有潜力的科技型中小企业给予特别关注；五是聚焦世界性问题，着力推广新兴技术。

表2-1　部分国家提升专利话语权的相关政策

国家	特点	专利话语权相关政策制定
美国	采用导向	对研发和实验投资减免税收，刺激私营企业增加投资； 鼓励校企合作，加强大学工程研究中心建设； 对科技型小企业积极进行风险投资； 实施三足鼎立专利战略和国家信息技术研发计划； 对科技型企业的设备投资依照企业规模进行适当税收减免； 推动军用技术向企业转移，发展制造技术； 对高技术产品的出口适当放宽； 设立国家技术奖、国家质量奖等奖项； 形成并完善知识产权相关法规框架； 提供政府风险资本，以创建或资助新企业； 建立统一的专利审查标准，实现国际贸易强势保护
英国	自上而下	建立非上市证券市场，推动风险资本产业发展； 全面私有化，撤销管制规定，优化创新环境； 推广资本增值免税计划，促进新技术企业发展； 成立信息技术委员会，确定优先发展高技术创业企业； 从政策层面加强大学和产业间的联系
法国	任务导向	资源向少数高技术部门与企业集中； 政府加大对技术创新的资助性支出； 制定多项大型技术计划； 在政府实验室与企业间建立网络； 发展风险资本，创建创新型企业； 给予科技型企业优惠税收待遇，发展专业化的证券市场； 激励科学家与研究人员创立或涉足企业
德国	立足企业	建立保障自由竞争的法律框架； "非均衡跑步"专利战略的全面实施； 为企业提供政府直接支持的研究项目成果； 完善公共科研基础设施，改善研发环境

续表

国家	特点	专利话语权相关政策制定
日本	应用导向	突出知识创造； 闲置专利开发战略和专利网战略的应用； 三螺旋创新网络的全面推广； 实施政府介入和逆向的"技术拿来主义"战略； 加强"产学官"合作； 推进国际合作
印度	环境生态	通过优惠贷款等财政政策，建立和培育私募股权/风险投资行业； 开发和商业化本土技术，调整进口技术，促进产业界公平发展； 在政府拨款基础上，联合金融机构，建立技术筛选和资助机制，借助风险资本基金投资科技型企业，培育并资助高风险初创技术企业； 启动"印度倡议"，打造智慧城市； 创立并发展 Atal Tinkering 实验室，加速印度创新； 完善知识产权政策； 推动"印度更高发明计划"

资料来源：WIPO. World Intellectual Property Indicators 2020 ［M］. Geneva：World Intellectual Property Organization，2020：12 – 74.

（3）专利话语权的发展态势

1）专利话语权的社会价值取向

受多重因素的综合影响，当前专利话语权社会价值取向的发展主要有以下诸方面的体现：以专利为代表的知识产权越来越成为各国增强国家科技实力、维护国家经济利益和确保国家竞争力的战略资源；专利制度国际化趋势加快，专利保护成为国家、地区间开展科学技术、经济贸易与文化交流的重要组成部分；随着人工智能、材料科学、航空航天、生命科学等高技术的蓬勃发展，各国加强对专利法的修订工作，使其保护范围不断扩大，保护水平与力度不断增强；专利正成为各国企业尤其是科技型企业取得市场竞争优势的重要手段；专利申请数量快速增长，发掘、研究、掌握并控制关键领域和前沿科技中的专利技术成为各国竞争的焦点。

2）专利话语权的自主核心技术是摆脱结构性失衡的关键

我国的知识产权事业特别是专利呈现出结构性失衡的局面，这一问题依然没有得到根本性解决。首先，我国的核心技术专利依然受制于人。据业内专家统计，我国在重大装备、基础软件等领域对进口依赖性很大，如光纤制造装备、医疗设备等（王廉等，2008）[166]。其次，我国缺乏基础性或原创性发明专利。我国企业特别是科技型企业所从事的研发工作主要集中在改进型发明创造，即在购买西方发明创造专利成果的基础上进行对功能特性的改进和对能力效率的提升，属于科学技术的进步式创新，独立自主研发的发明专利比重较小。最后，科技型企业的集群优势尚未突显。2020 年 12 月 7 日，世界知识产权组织出具的权威报告中显示（详细数据见附录 8~11），2019 年的全球专利申请数量呈现 10 年来的首次下降。其中，中国国家知识产权局受理的专利申请数量为 140 万件，相比 2018 年下降 9.2%，系在国内专利申请监管转型的影响下呈现 24 年来的首次下降，但仍然位居全球首位。其后依次是美国（621453 件）、日本（307969 件）、韩国（218975 件）和欧洲（181479 件）。排在前五位的专利主管部门申请受理量占到全球总数的 84.7%。2019 年，在我国经济长期稳定增长和重视专利研发保护的双重推动下，9 个亚洲主要国家的专利申请量占比相较 2009 年增幅显著，占全球总量的近三分之二（65.0%）。虽然 2019 年中国在专利申请数量上领先，但 PCT 国际申请总量与美国、日本和德国仍有较大差距，表明我国企业的集群优势依然欠缺。同时，我国在 19 个全球主要专利主管部门的有效专利平均寿命排行中位列最后一位，有效专利的平均寿命为 7.6 年。这说明我国有效专利的使用年限较短，未能充分保证挖掘和转化现有专利的时间（WIPO，2020）。

综合本节与第 1 章对国内外研究现状中相关内容的综述，本研究中的专利话语权指的是自然人或法人在专利布局、专利研发、专利运用、专利保护、专利管理和专利转化等各环节的行为所产生与体现的权利与权力。

2.1.3　科技型企业专利话语权

科技型企业专利话语权中所涉及的每一项专利，都包含并体现企业经营者对所属领域市场的探索与创新。科技型企业是专利话语权的主体，任何话语权的打造都要依凭一定的组织形式，而打造专利话语权的主要载体就是科技型企业。科技型企业的自我创新就是打造并提升专利话语权的精髓所在。

科技型企业与专利本身的强相关性有助于突显专利话语权的评价效果。企业是我国国民经济的"细胞"，科技型企业是自主创新的主体，是实施专利战略的中坚力量。对科技型企业专利话语权的评价有其必要性，有助于客观衡量企业与行业、市场的关系，从而推动企业良性发展。

（1）科技型企业

目前还没有对科技型企业达成一个权威的、统一的定义。通过在 Web of Science、Elsevier、EI、Heinonline、CNKI、维普、万方、读秀学术搜索等数据库中检索相关文献，参考并综合关于科技型企业的代表性表述，将科技型企业的概念在本研究中界定为：以专业技术人员为员工主体，以从事高新技术产品的研发、生产和销售为业务主体，以技术开发、技术咨询、技术转化、技术服务为内容主体的高投资成长型经济实体。

(2) 科技型企业专利话语权

社会权力的实现手段主要是通过话语来完成表达，即拥有主流社会认可的话语能力就拥有了争夺话语权的机会——这里的话语能力进一步表现为研究对象的实力。科技型企业专利话语权，并不意味着竞争力时代的自我中心意识，不能将竞争力完全等同于话语权，但话语权归根结底是以竞争力为核心体现的实力的关键外部体现。当前的时代是以核心竞争力作为支撑，以创新意识作为基本战略的时代。围绕"创新"这一命题，打造创新能力突出、创新质量优异、创新基地便捷的战略约束，是争夺专利话语权的重中之重。最终要从组织、技术、制度、市场等方面达到掌握更多专利产权、研发更多专利技术、设置更多专利标准、控制更多专利转化的目的。

对科技型企业而言，在加大技术研发投入、追求自主知识产权的同时，要着力在行业内及上下游产业间发展并强化积极健康的竞争合作关系，加强对国际贸易法律政策及国际行业技术标准的探索性研究和前瞻性学习，积极主动利用联手谈判、制造舆论、集体诉讼等途径保障自身的合法权益，应对和破除汹涌而来的危机与挑战。同时，应主动接触并联手拥有世界强势专利话语权的组织或地区，积极参与组织事务，努力争取跨国合作，加强对国际专利话语权的渗透，掌握知识产权竞争中的主动权。

对专利科研人员而言，在深入研究行业现状、科学预测行业趋势的前提上，把握政、企、校联手大势，在不断精进自身专利研究成果的同时，还要更多地关注研究成果是否能够成为国际专利话语权争夺的博弈依据，在日常的研发过程中将视野和格局扩展至全球竞争的层面上。要积极寻求在国际学术组织、研发机构、权威平台中发声、合作和领导的机会，为不断争取我国的国际专利话语权贡献个人的力量。

在世界适应新常态的过程中，我国的专利话语权争夺无疑是一条很长的路，但我们已然从被动接受走向主动谋求。放眼全球，从最初新冠肺炎疫情爆发到疫情常态化的局面，整个疫情周期里我国的国际公信力与影响力毫无疑问得到了极大的提升。在不断强化与聚焦知识产权和国家话语权的今天，可以说，当下正是打造我国专利话语权的黄金时代。

科技型企业对专利话语权的占领和布局，需要同时围绕行政权力、技术创新、经济效益和传播影响四个维度展开，这是综合专利与话语权特征、企业专利制度、话语权评价等方面来确定的。综上所述，本研究将科技型企业专利话语权定义为科技型企业利用各种话语渠道和话语媒介，结合自身在技术、资本、人员等方面的特征与优势进行传递信息、表达观点、创新技术、制定规则、规范标准等相关行为的权利和权力，以及由此产生的对话语客体（包括国家、组织、机构、个人等）的传播力、影响力和引导力。

2.2　科技创新理论

科技型企业把握发展形势和竞争态势的关键在科技创新，只有不竭的技术革新才是稳固话语权的源泉。因此，对科技型企业专利话语权的评价研究离不开科技创新的相关理论，主要包括知识创新理论、技术创新理论、技术赶超理论与科技竞争力理论。

2.2.1　知识创新理论

创新的概念在熊彼特技术创新理论后进入更为广泛的发展阶段，泛指各类形式的创新。知识创新是广义创新系统下创新的主要表现形式之一。

日本学者野中郁次郎（Ikujiro Nonaka）和竹内弘高（Hirotaka

Takeuchi）先是在 1991 年提出通过不断创造新的知识，在组织中学习推广新知识，融入新技术、新产品中，就能够实现创新，后于 1995 年提出知识创新的 SECI（socialization，externalization，combination，internalization）模型。这里的知识创新是指企业创新活动，核心过程是企业隐性知识和显性知识二者之间的相互作用与相互转化，有四种基本模式：社会创始（socialization）、外显交流（externalization）、融合汇总（combination）和内隐实践（internalization）。其中，第一种模式实质是社会化过程，指隐性知识向隐性知识的转化，常发生于企业培训过程中，通过人员互动获得隐性知识；第二种模式是隐性知识向显性知识的外化，形成具体的概念和表达情绪的语言逻辑；第三种模式是指显性知识和显性知识的组合化，有具体的文档、多媒体资料等担任传播媒介；第四种模式是指显性知识到隐性知识的内化过程，是个体对显性知识的学习、消化和升华。SECI 模型虽然描述了知识生产的起点到终点的具体过程，但实际的知识转化过程远比 SECI 模型描述的常规性过程更为复杂，而且存在诸多外部因素的干扰（Nonaka et al.，1995）。

1993 年，美国学者艾米顿认为知识创新是为了企业的发展、国民经济的提升和社会的进步，人们创造、演化、交换和应用新的思想，使其转变成市场化的产品和服务的过程（方环非等，2007）。国内有学者提出知识创新是通过科学研究获得新的自然科学、社会科学和技术科学知识的过程（张凤等，2005；何传启等，2001）。

可见，知识创新理论的核心观点是知识空间外部知识的探索与知识空间内部知识的转化。

2.2.2 技术创新理论

广义的创新泛指一切新事物的引入、制造工艺的新变化等。

狭义的创新是指知识产权意义上的新，包括技术创新、知识创新、制度创新、管理创新等形式，体现在原理、结构、功能、性质、方法、过程等方面发生了显著的变化。创新理论的发展是创新概念逐步丰富的过程。创新理论初期以企业生产活动为研究对象，主要是指生产技术的创新和管理制度的创新，后来在技术创新理论的基础上，知识被视为各类型创新活动的基础。此外，还有学者从社会心理学角度探究创新的形成来源，即创造力的产生机制。

"技术创新"一词首次由奥地利经济学家熊彼特（Joseph Alois Schumpeter）于 1912 年在《经济发展理论》（熊彼特，1990）一书中正式提出。熊彼特从经济学视角将技术创新定义为建立新的生产函数，这一生产函数的转移和变化也带来了成本曲线的更新。学者伊诺思（Enos，1962）首次对技术创新的定义直接明确地作出阐释。埃德温·曼斯菲尔德（Mansfield，1963）讨论了产品创新的内涵。英国学者克里斯托夫·弗里曼（Freeman，1973；1982）认为技术创新是系统、过程、服务和产品综合作用下的全环节商业化工程，目的是实现新产品的市场占领。缪尔塞（Mueser，1985）在分析技术创新本质的基础上，指出了技术创新的非连续性和巨大价值。随着科技革命在 20 世纪 50 年代后的蓬勃发展，科学技术的创新更加显著地影响着社会生产和生活。西方学者在熊彼特技术创新理论的基础上，进一步将经济学相关理论与科学技术创新深度融合，最终形成了技术创新理论的四大流派，即新熊彼特学派、新古典学派、制度创新学派和国家创新系统学派。

随着经济全球化和可持续发展战略的深入人心，传统技术创新理论在技术的人文价值和社会价值等技术衍生影响上的局限性逐渐表现出来。从 20 世纪 90 年代中期开始，逐渐产生了一些新的技术创新发展理论，如技术创新博弈理论等，为以知识经济为核心的新经济形式下的技术创新实践提供了理论基础（雷臣斌，

2019)。熊彼特认为，只有将发明引入生产体系并投放市场的行为才是创新，因为新工具或新方法的使用在经济发展中起到作用，最重要的含义就是能够创造出新的价值。熊彼特的创新理论开启了人们对创新概念的早期思考。现阶段，创新不仅存在于经济市场中，更是在各行各业中被给予重点关注，尤其是在科学研究中，科技创新成为科研人员追求的重中之重。

颠覆性创新这一概念由麦肯锡奖得主克莱顿·克里斯坦森（Christensen，1997）最早总结并提出。被称为"颠覆式创新之父"的克里斯坦森在总结研究、考察与工作经验的基础上，提炼出破坏性理论与颠覆性技术等一系列理念。这些理念聚焦企业衰败的原因，提出四种创新原则，旨在面向现有市场消费者展开拓展性服务和竞争性战略以进一步打开新的产品市场。与之相对应的企业创新模式是持续性创新，即从现有市场占有者手中竞争市场资源（Angus，1999）。

颠覆性创新延伸至科学技术领域后，主要是指颠覆性技术创新，近似概念有破坏性创新、变革性技术或变革性研究。相对于渐进性技术而言，颠覆性技术创新是指在现有技术背景下另辟蹊径，对现有传统或主流技术产生整体或根本性替代效果的技术途径。颠覆性技术创新的结果可能是产生全新的技术，也可能是对现有技术的跨学科、跨领域的应用（刘莉等，2017）。颠覆性技术创新往往意味着经济效益的迅速变化，密切关乎国家科技竞争力和国际地位，是建设科技强国的利器。我国高度重视颠覆性技术创新对于科技进步的意义，已经将颠覆性技术创新写入党的十九大报告中。颠覆性技术创新标准高、实现不易，不仅要求科技人员思想理念的突破，而且需要强有力的科学手段的投入，高级科学仪器等物质基础是不可或缺的资源保障。此外，相关学者（王中伟，2018）还强调了"颠覆性"评价体系的配套，核心观点是"现有的评价是基于对已有学术价值观的共识和已有学术数据的延续。但若要遴选出真正的'领跑者'，需要采用非共识评价、颠覆性评价、创新度评价、交叉式评价等非常规评价体系"。

回顾我国在技术创新领域的相关研究，最早多以翻译和引进国外相关研究成果为主。其中较有代表性的成果是傅家骥（1998）对技术创新问题的总结和研究，他将既有研究成果与我国国情相结合，提出了技术创新的定义，并进一步衍生和推出经济科技等领域系列活动与产品的综合过程。

事实上，技术创新的过程就是流程优化和产品更迭的过程，这有赖于对既有流程与产品的反思式变革和对不断涌现的崭新方法与技术的融合性运用。总体而言，技术创新的过程符合人类不断追求自由解放、探索自由王国的历史进程（Erzurumlu，2013；Padilla - Pérez，2014）。其中，科技型企业产品的技术创新主要有渐进式、突破式和综合式三类（Amirova，2013；Zheng，2014；Tigabu，2015）。

鉴于研究对象和研究方向的差异，不同学者对技术创新的解读也有所区别。其中，最具代表性的表述是弗里曼于 1982 年在著作中提到的熊彼特观点（熊彼特，1990）。国内的代表性研究是傅家骥于 1998 年出版的著作《技术创新学》，书中系统完整地阐述了技术创新的相关理论与方法（德鲁克，2007）。技术创新理论是创新理论的重要组成，制度创新对技术创新起决定性作用（冯鹏志，1997）。1999 年，《中共中央、国务院关于加强技术创新，发展高科技，实现产业化的决定》颁布，文件中明确指出技术创新的主体是企业。

本研究的面向为科技型企业，科技型企业的核心就是技术创新，而科技型企业的技术创新也以所在国家的制度创新为依托。

2.2.3　技术赶超理论

技术赶超理论在宏观层面和微观层面上的差异着重体现在赶

超对象与被赶超对象这一范围的不同，宏观层面上主要指国家，而微观层面上则主要指行业、组织、机构（如企业）（刘建新等，2011）。实现技术赶超目标的路径主要分为两种，分别是自主研发创新和对领先技术的跟踪与模仿（Kang et al.，2014）。在践行技术赶超战略的初期，往往被选择的路径是对成熟先进技术的跟随，这一方面可以降低行业领域内市场投入与占领的方向性风险，另一方面也便于赶超对象集中自身资源，提升技术突破的效率。在技术赶超理论中，较成功的技术赶超标志是技术创新能力的明显提升与市场回报绩效的显著增加。

Lee K 等（2001）认为技术赶超往往发生在发展轨迹可预测且流动性较低的产业，以通信行业为例，这一行业的发展目标主要是对通信速率的提升，且在通信应用各个环节的企业相对固定。他们根据这一想法提出了技术体制下的概念赶超模型，并通过调研韩国通信企业的技术赶超模式，来验证技术赶超模型的科学性和可用性。他们通过实证研究，确定了赶超企业"追随式—跳跃式—创造式"层层递进的技术模式，符合初期"追随式"的模仿吸收到中期"跳跃式"的技术转化再到后期"创造式"的技术跨越的技术赶超相关理论。2006 年，Fan P（2006）对国家间和通信企业间的技术赶超开展了研究，发现技术赶超的关键是赶超对象的自主创新能力与自主研发技术，其中自主创新能力受一定范围内外部资源的易得性和专业性的影响，自主研发技术对技术领域的限制体现在技术性知识存量丰富且生命周期短、技术更迭快的行业。学者 Joo S H 等（2010）以三星和索尼两家企业为例，从技术基础和生命周期的视角探讨了在技术赶超过程中所体现出的企业技术特色的变化轨迹，从而进一步检验了技术能力对实现技术赶超的关键性作用。张国胜（2013）将新技术 – 经济范式引入技术赶超的相关研究，强调了技术变革中构建适用的范式与框架以实现技术潜能消化的重要性。黄阳华等（2020）

调研了我国高铁产业内的 18 家机构，从技术赶超的关键、手段和必要条件等方面验证技术赶超现象在高铁行业领域内的实践运用。

目前学术界对技术赶超的理论和实践方面的研究已积累了一定的成果，但围绕专利和标准以及专利与标准相结合的研究较少（Lee et al.，2001）。以通信行业为例，对创新能力与创新技术的衡量都离不开企业的专利数量与技术标准化程度，特别是技术标准的提案效率与谈判结果深度影响着企业技术赶超的进度。因此，在通信企业的技术赶超情况研究中，同时涉及专利与标准的标准必要专利数据是衡量其技术能力的重要指标。

2.2.4 科技竞争力理论

话语权的争夺与国家竞争力紧密相关，科技竞争力以及与之相关的科技政策、科技水平、科技评价等是国家竞争力的重要组成部分（艾国强等，2000）。

迈克尔·波特（Michael E. Porter）被誉为"竞争战略之父"。他在"钻石体系"理论中提到生产要素、生产需求、企业战略、企业结构、竞争对手和产业表现等多重因素影响着国家竞争力的表现，继而根据"五力模型"和"三大战略"指出，提升国家竞争力与科技竞争力的关键在于提升科技创新能力和产业升级能力时的知识创造与吸收效率，与之关联的是国家的贸易优势和竞争优势（Porter，1980）。

伴随互联网的发展与新技术的变革，科技竞争力的相关理论也在不断丰富和发展，新的科技创新能力和产业升级能力的评价模块是科技竞争力新的体现方式。科学交流、知识转移与科研模式的开放式发展使得专利文献及其关联、引用等活动成为科技创新能力与影响力的重要参考。专利这一知识形态作为研究成果与创新理念的直接表现形式之一，是科技创新能力和产业升级能力的重要体现。专利研发过程中包含的专利质量与创新能力决定着科技创新的效益、产出和后续资源反馈，与科技竞争力紧密相关（李强等，2017）。

2.3　科学评价理论与方法

评价科学是一个动态发展的集合概念和综合概念，不仅本身内容丰富，而且包含范围广泛，动态变化，因此目前学界并没有对评价科学形成统一定义，但是却从各个角度对评价科学进行了研究。广义上的评价科学是指以科学的方法对评价对象进行评价，也称"科学地评价"，或者"评价科学化"。对科技型企业的专利话语权进行评价也要遵循科学评价的流程与规范，争取使结果更具科学性。

2.3.1　科学评价理论

"科学"是科学研究的简称。科学研究是运用知识发明新技术的系统性创造性工作，以推动人类知识进步和社会发展为目标。"评价"是评定价值的简称，在不同的学科领域，评价的定义有所区别。哲学视角下的评价是客体对主体需要满足程度的价值判断（陈玉琨，1999），管理学视角下的评价是从认知到决策的过程（吕小柏，2013），社会学视角下的评价是对评价对象的考核过程与结果（马哲伟，2007）。

在科技政策的相关研究中，科学评价是评价人员依据决策者的评价需求与评价对象的具体特征制定评价标准和原则，并根据确定的标准和原则对评价对象的相关信息开展搜集、判断、整合等工作，进而得到反映评价对象价值的评价结果的过程，如图 2 - 3 所示（李强等，2017）。因此，经过分析科学评价的过程可以总结出科学评价的主要作用：一是导向作用，科学评价过程中所体现的评价标准与原则是评价对象相关人员未来方向的参考和指导；二是支撑作用，科学评价的结果是科研管理与决策的信息支持。

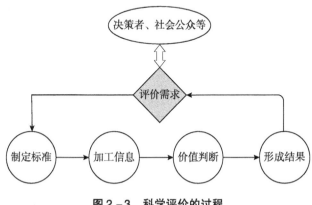

图 2 - 3　科学评价的过程

（1）科学评价与价值导向

任何一种评价活动，克服主观判断的影响都是实质与前提，以判断学术活动及其成果价值为主的科学评价更是强调客观性和科学性。面对相同的评价对象，客观环境和评价人员的差异会导致价值属性的变化和游离，同时，已有的价值标准也可能随着时空的变换不再适用（朱军文等，2014）。因此，在开展科学评价活动对学术活动及其成果价值进行判断的过程中，对于价值导向的确定是首要问题。

对于科学评价活动中价值导向的确定，又可进一步拆分为对评价目的、评价内容和评价方法的确定。对评价目的的确定受多种因素的影响，这些因素与价值导向的影响因素往往重合。只有充分了解评价目标，才能对评价对象的价值产生最基本的判断。对评价内容的确定是基于评价对象特征的评价标准与原则的确定，评价标准引导着评价活动的方向，是评价活动的根本指引。

对评价方法的确定是在技巧各异的方法中筛选、组合、创新兼具科学性、适用性和可操作性的评价实施途径，不同的评价方法包含不同的评价逻辑与评价技巧（如定性方法、定量方法、定性与定量相结合的方法等），评价方法的差异直接影响着评价结果。

在科技评价活动中，价值导向、评价标准与评价方法的重要性使得对其进行三步循环检验十分必要。价值导向、评价标准与评价方法各自的合理性和三者间的一致性直接影响着评价活动和评价结果的可行性和科学性。首先，价值导向与评价标准应一致；其次，评价方法与价值导向和评价标准应匹配，无法贯彻价值导向和无法执行评价标准的方法不具备可行性；最后，评价结果与价值导向应协调，若两者出现分歧，则表明评价方案存在不合理之处，评价结果不具有说服力。价值导向、评价标准与评价方法三者之间的一致性与相对稳定性和影响因素变化间的矛盾使得任何评价活动的开展都不能对既有评价模式进行简单套用。随着影响因素的变化，价值导向产生变化，那么评价标准、评价方法都需要被调整，也就会产生不同的评价结果。因此，对于三者的循环检验是一种长期的动态需求（金碧辉，2004）。

总之，面对科学评价过程中不同的研究主题与研究对象，学者们也在积极探索丰富多元的评价理论与方法。在把握好研究目的和评价需求的基础上制定好评价标准和评价方法是科学评价活动的关键内容。

（2）科学评价的视角结构

1）基于评价视角的结构

科学评价从宏观层面可以被划分为两个评价视角来进一步解读，如图 2 - 4 所示。首先是从广义层面出发的横向评价视角，其中，多维视角被划分为单指标评价、复合指标评价和多属性评价三种类型。其次是从时间维度出发的纵向评价视角，通过对科技活动的纵向对比来得到评价结果，并进一步被划分为多种评价方法。举例来说，通过被引频次这一指标可以得到对科学活动的单一评价信息，这是科学评价中最常采用的评价指标之一。较为典型的复合评价指标有 H 指数等，能够在学术影响力评价过程中为评价人员提供丰富的评价内容和评价结果（俞立平，2017）。

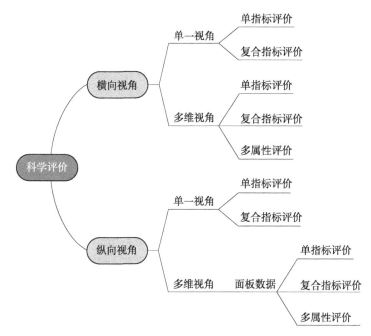

图 2 - 4　基于评价视角的科学评价分类

2）基于指标数量的结构

从指标数量的视角，可以将科学评价划分为单指标评价和多指标评价两种类型，如图 2 - 5 所示。科学评价可以采用单个指标进行评价，如被引频次等单指标，或 H 指数等复合指标；也可以采用多个指标进行评价。受评价需求、评价目的、评价对象等多种因素的影响，选择多指标评价并构建评价指标体系可以对评价对象进行更为全面科学的判断，得到较为准确丰富的评价结果。当然，在选择多指标评价时，评价方法的设计与运用也是需要着重考虑的方面（俞立平，2017）。

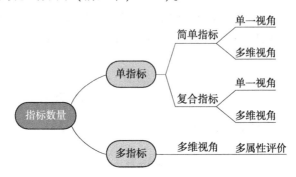

图2-5　基于指标数量的科学评价分类

现有的评价方法主要有定性评价、定量评价和综合评价三类。定性评价方法是依据专家意见进行评价的方法，包括德尔菲法、专家咨询法、层次分析法等。定量评价方法是根据数理统计和信息技术的逻辑和工具，对评价对象进行分析和描述的方法，包括数学模型、文献计量、替代计量、科学计量等。综合评价方法除了常规方法之外，还包括模糊分析法、灰色关联度分析法、距离综合评价法、数据包络分析法等。

2.3.2　科学评价方法

评价学的理论具备跨领域、跨学科的特点，涉及的学科理论主要有计量学理论、价值理论、认知理论、数学与统计学理论、比较理论、分类理论等（邱均平等，2010），评价方法实现了从单一式向多元式的转变。

目前研究采用的评价方法主要有三类：首先是定性评价方法；其次是定量评价方法，这类评价方法会借助数理统计和信息技术的逻辑与工具；最后是综合评价法（多指标综合评价法），以采用多个指标、多种方法构建系统模型为主来完成评价，是方

法的集合、体系和综合体现。在使用综合评价法时，可以将定性
评价和定量评价方法结合起来运用，也可以有机结合多种方法，
将其应用于同一评价对象和评价过程，如统计分析方法、BP 人
工神经网络法等（文庭孝，2010）。

（1）企业评价方法

市场经济发展和经济结构调整使得企业屡屡成为被社会关注
的对象，如何评估企业价值是兼具宏观、中观、微观意义的重要
课题。企业科学评价的结果是企业科学决策、健康发展、资源配
置的重要参考，也为国家相关管理部门掌握企业生产经营状况、
把握企业发展趋势和动向提供了现实借鉴。当前的企业评价研究
主要聚焦在企业绩效评价和企业技术影响力评价两个方面。

对企业绩效的评价主要是基于经济学指标分析后对企业经济
方面能力的评价，企业绩效的评价基础是财务评价（孙永风等，
2004）。企业绩效评价虽然以财务评价为基础，但在实际操作过
程中会将财务评价和非财务评价相结合，并综合过程和趋势的评
价结果以全面衡量企业的可持续发展能力，具体采用的技术和方
法包括数据包络分析技术、MBO 业绩评价法、AHP 分析技术、
经济价值评价法（EVA）、平衡记分卡等（曹建安等，2003）。

对企业技术影响力的评价是基于专利指标分析后对企业技术
方面能力的评价，从而体现企业在技术方面的控制能力。王舒等
（2011）借助专利引用关系来评估企业的技术影响能力，从社会
网络的视角构建了企业引用网络。温芳芳（2018）采用专利数
量与被引频次、网络中心性、自引率与他引率等评价指标，从专
利引文的角度分析评估了全球主流汽车企业的技术影响力。傅强
等（2018）改进了企业引用网络的技术影响力评价方法，通过引
入专利的时效性这一指标丰富了基于专利引用关系的评价体系。

（2）比较分析方法

比较分析方法以统计学为例，通常会采用对比分析两个指标

来寻找事物之间异同点的方法，来探索事物的变化规律和事物间存在的差异性。根据不同的分类标准，比较分析法可以进一步细分为以下类型。

1）横向比较和纵向比较（时空属性）

运用横向比较的例子有行业内不同企业间横截面数据的对比、实验组和对照组的对比等。纵向比较通常用来揭示某一事物在不同时期内的变化规律与发展进程。在各学科领域的实际研究中，通常是将横向比较和纵向比较进行有机结合，以更好地达到深入了解事物发展本质的目的。

2）单项比较和综合比较（属性标准）

综合比较更有助于透过现象看清事物本质，抓住事物的真实特征和特殊规律。综合比较的过程与结果可以将单项比较包含在内。

3）定性分析和定量分析（性质标准）

定性比较主要侧重于对比分析事物的本质属性。定量比较主要侧重于借助量化指标衡量事物在某个时间段内所发生的变化。无论是探索事物的发展进程还是掌握事物的发展规律，都无法全部依靠量化分析解决问题，还需要通过对问题的定性分析补充相关信息，在从量化层面把握事物发展方向的同时，掌握事物的本质。在评价科学实践研究中，往往是同时从量和质这两个层面探索事物的本质以及发展规律，将定量分析和定性分析有机结合。

4）求同比较和求异比较（目标标准）

求同比较与求异比较的差异在于在探索事物发展规律的过程中更加注重共同点还是不同点，从而得出事物发展的共同规律或特殊规律。在研究中同时开展求同比较和求异比较，是对事物同一性和特殊性的综合探索，能够在总结共性的基础上把握事物发展的不同方向。

2.4　专利分析理论与方法

2.4.1　专利文献与专利分析

专利文献作为技术变革过程分析的有效载体和重要源泉，在技术知识含量、数据质量、数据可获取性、发明成果涵盖率、技术细节表述等方面优势突出（Griliches，1984）。超过 80% 的人类技术知识与 90% ~ 95% 的发明成果都被记录在专利文献中（Yeap，2003；Tang，2016），远超其他文献数据。

专利分析又被称为专利计量、专利情报分析等，是运用定量方法对专利文献和专利信息进行挖掘与探索的研究形式（Iversen，2000）。纳林（1994）较早地提出了在专利计量中可以使用文献的相关计量方法。

2.4.2　专利引文分析

（1）引文分析理论

Gross P L K 等（1927）首次对文献进行了引文分析。引文分析的适用范围非常广泛，如对学科相关程度、科学发展过程、科学发展结构和未来发展趋势等方面进行探究（程妮，2009）。通过引文分析，可以得到文献、期刊、著者、组织、机构、学科等不同层面研究对象间的联系与区别，进而反映各研究对象在科学发展中的作用与价值。

（2）专利引文分析的指标、类型与目的

作为技术成果之一的专利文献符合科学技术发展的关联性和连续性的规律。Seidel A（1949）首次系统地提出了专利引文分析的概念，认为被引频次是对专利技术相对重要性的反映，专利引文是后继专利对先前专利出于科学观点上的认同而产生的引证。随后，世界上第一个专利引文索引 Patent Citation Indexing 由 Garfield E（1966）提出。

最常用的专利引文分析指标是被引频次，专利被引频次能够不同程度地反映拥有专利企业的市场价值与技术价值（Hall，2005）。此外，自引率、引用率、H 指数、技术独立性、技术循环时间和科学关联度等指标在专利引文分析过程中也较常被使用。

专利引文因在专利文献中罗列与本专利申请相关的文献而体现出专利的技术来源以及与其他文献的交流状况，因而具有较高的理论研究价值（温芳芳，2018）。专利的引文类型可以分为三类：自引（self‑citation）、他引（external citation）和非专利引文（non‑patent references，NPR）。由于专列引用文献的类别不同，文献的内涵与载体不同，对不同类型的文献进行引证的动机与进行分析得到的含义有着明显的区别。根据前人研究（Meyer，2000；陈亮等，2013；陈凯等，2015），本研究将不同类型的引证动机总结如表 2‑2 所示。

表2‑2　专利引证动机与引文分析目的总结

引文类型	引证方式	引证动机	引文分析目的
自引	专利权人引用本专利权人的其他专利文献，对应于文献计量中的自引，但其引证动机不同	展示专利权人技术核心	识别专利权人技术创新能力
他引	专利权人引用其他专利权人的专利文献，对应于文献计量中的他引，两者引证动机相似	提供技术背景；标识与专利技术相关的原始文献	确定核心专利、揭示技术发展的方向；识别专利权人技术创新速度

续表

引文类型	引证方式	引证动机	引文分析目的
非专利引文	引用专利权人引用的非专利文献，比如论文、书籍、标准等	反映学术界的研究现状；强调本专利的新颖性与唯一性	探索科学－技术的关联关系；定量地分析知识转移的情况；明确专利权人将学术研究成果应用于工业生产中的创新能力

2.4.3　企业专利分析

　　知识经济时代的到来，促进了知识、信息等智力成果的加速生产，突显了这些无形资产在企业发展中的重要作用，使得以技术为主要形式的企业无形资产在总资产中的比重不断上升。专利是企业技术的主要表现形式，专利数据的分析结果是企业经营战略规划的重要信息来源，有助于企业的技术开发、市场布局、产品研发和市场竞争（Ernst，1997）。在企业层面常用的专利分析指标如图 2 - 6 所示（Narin，1987；Lerner，1994；Thomas，2001）。

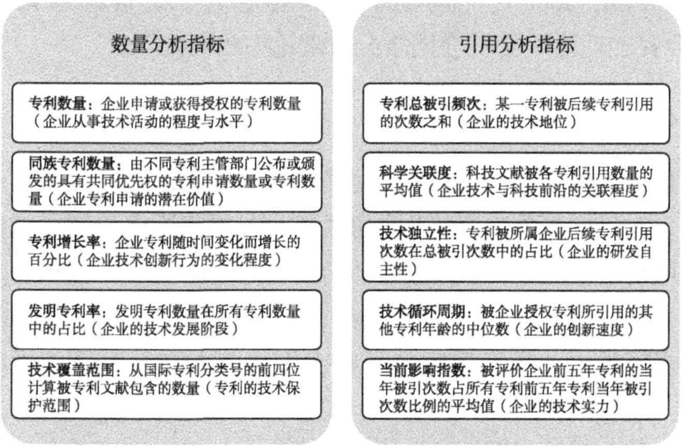

图 2 - 6　常用企业专利分析指标

2.5　社会网络分析理论与方法

科技型企业专利话语权可以通过信息传播形成的社交网络对个体关系进行研究。本研究借助社交网络分析理论与方法对科技型企业专利话语权评价结果进行了验证与分析。

2.5.1　社会网络分析理论

社会网络分析法并非针对成员的个体特征展开研究，而是着重关注成员间的关系特征（Otte，2002；孙立新，2012）。运用该方法进行研究时需要重视网络中个体之间的关系，而在分析社会现象时也要关注社会关系；关注社会网络结构的不同如何影响个体的行为；关注两种类型的网络，分别是以自我个体为中心的网络（自我关系网络，ego network）和网络结构中所有节点的相关关系形成的网络（整体网络，global network）；社会网络分析具有跨学科的特点，数学和计算机科学是其中两个最重要的支撑学科（Otte，2002）。"弱连带优势理论"、"结构洞理论"和"社会资本理论"是社会网络分析理论中的经典理论。

2.5.2　社会网络分析法

社会网络分析法可以从多个角度、多种指标对社会网络进行分析。本研究主要应用的几种方法分别是网络规模与网络密度分析、网络中心性分析、网络结构分析。

社会网络规模是指社会网络中的节点数量，节点数量越多，网络规模越大。网络密度是指社会网络节点之间联系的紧密程度，一般来说，网络密度越大，信息主体之间的联系越紧密，信息交流与共享就越通畅。从图论的角度来解释，密度就是网络结构中的实际连线数量在这个网络中可容纳的边的上限的占比（张存刚等，2004）。一个具有 n 个节点和 L 条实际连边的网络，其网络密度 d 的计算公式如公式 2 - 1 所示，取值范围在 0 和 1 之间。

$$d = \frac{2L}{n(n-1)} \qquad (2-1)$$

目前网络结构分析主要从两个角度进行，分别为凝聚子群分析和核心 - 边缘结构分析。凝聚子群分析又被称为"小团体分析"。复杂的社交网络中通常会形成一个或者多个次级团体网络，这些团体中的节点之间联系紧密，因此被称为凝聚子群。通过分析凝聚子群中的节点数量、网络密度与结构、凝聚子群内部成员之间的联系及凝聚子群之间的关系等特点，就能够把握整体的社会网络凝聚力。

（1）社会网络分析指标

社会网络分析指标主要分为网络整体指标和网络节点指标两类。社会网络分析中常用的节点分析指标如表 2 - 3 所示（Landherr，2010）。

表 2 - 3　常用社会网络节点分析指标

指标名称	计算方法	指标意义
点度中心度	在网络中与某一节点直接相连的其他节点的个数	用于发现群体中的中心人物（中心地位与"权力"）
中介中心度	某一节点出现在网络中其他两个节点之间的最短路径上的次数	衡量节点对资源控制的程度（桥梁作用）
接近中心度	某一节点与网络中所有其他节点的最短路径距离之和	衡量节点不受他人控制的能力
特征向量中心度	—	技术绝对影响力

本研究构建的网络有两个：专利权人的专利合作网络和专利权人的专利引文网络。专利权人的专利合作网络是一个无向网络，每一个专利权人可被视为专利合作网络中的一个节点，节点边的权重代表两个专利权人之间共同持有的专利个数。专利权人的专利引文网络是一个有向网络，每一个专利权人仍然为网络中的节点，节点边的方向代表专利权人之间的引用方向，节点边的权重代表两个专利权人之间引用的次数。通过图论的方法，可定量计算节点的重要程度，识别网络中专利权人的角色与地位。表2-3列出了社会网络分析方法在专利权人分析中使用的主要指标与含义。

1）点度中心度

社会网络中某节点的点度中心度是与该节点通过边有直接连接的节点的个数，是局部的网络中心，节点 i 的标准化点度中心度 C_{RD} 计算如公式2-2所示。节点的点度中心度越高，表明该节点在网络中的"权力"也越大。在专利合作网络中，点度中心度较高的专利权人获取网络中技术资源的能力会更强。在专利引文网络中，点度中心度又分为入度中心度和出度中心度。入度中心度表现为专利权人的引证数据，即直接技术被影响能力。出度中心度表现为专利权人专利的被引情况，即技术的直接影响力。

$$C_{RD} = \frac{节点\ i\ 的边个数}{n-1} \qquad (2-2)$$

2）接近中心度

20世纪70年代，弗瑞曼（Freeman，1979）指出，接近中心度是社会网络中某节点与其他连通节点最短路径的距离之和的倒数，可代表节点在全局的网络中心程度。节点 i 的标准化接近中心度 C_{RC} 计算如公式2-3所示，d_{ij} 表示节点 i 与 j 之间的最短距离。在专利合作网络中，专利权人的接近中心度高，代表该专利权人的技术需要通过较多专利权人的"中介"才能传递到目标专利权人中。那么由于信息传递中存在着一定的损耗，专利权人的接近中心度越高，该专利权人对其他专利权人的合作成本越低，那么专利权人的潜在合作能力越高。在专利引文网络中，专利权人的接近中心度代表专利权人的潜在影响能力。

$$C_{RC} = \frac{2\sum\limits_{j}^{n} d_{ij}}{n-1} \qquad (j \neq i \neq k, j < k) \qquad (2-3)$$

3）中介中心度

在图论中，两个节点之间存在"最短路径"概念，某节点处于其他节点最短路径的次数就是中间中心度。节点 i 的标准化中间中心度 C_{RB} 计算如公式 2-4 所示，$b_{jk}(i)$ 表示节点 i 出现在节点 j 与 k 之间最短距离上的概率。因此，中介中心度衡量的是某节点对其他节点的"中介"能力。节点的中介中心度越高，那么该节点对其他节点的"中介"能力越高，整合资源的能力也越强。在专利合作网络中，中介中心度较高的专利权人会扮演技术合作"中介人"的角色，获取异源技术的可能性更高。在专利引文网络中，中介中心度较高的专利权人，处于技术资源传播的中心，控制着网络的技术交流，是技术传播的"中介人"。

$$C_{RB} = \frac{2\left(\sum\limits_{j}^{n}\sum\limits_{k}^{n} b_{jk}(i)\right)}{n^2 - 3n + 2} \qquad (j \neq i \neq k, j < k) \qquad (2-4)$$

4）特征向量中心度

在社会网络理论中，节点 i 的"能力"与其直接临界节点的个数（点度中心度）相关。特征向量中心度就是在点度中心度概念上延伸的，认为邻接节点对节点 i"能力"的影响不是均等的，而是临界节点"能力"越强，对节点 i"能力"的贡献越多，那么在测量节点中心度的时候就会出现一个循环，节点 i 的"能力"是与节点 i 相连的节点"能力"的函数，节点 i 的特征向量中心度计算如公式 2 - 5。C_E 为节点 i 的特征向量中心度，x_j 代表网络中其他节点 j 的特征向量中心度，a_{ij} 代表节点 j 对节点 i 中心度的贡献值。在专利引文网络中，可以将特征向量中心度较高的专利权人视为技术的"源点"，对本行业的技术发展有着绝对影响力。

$$C_E = x_j = \sum_{j}^{n} a_{ij} x_j \qquad (j \neq i) \qquad (2-5)$$

（2）基于社会网络的企业专利分析

已有许多学者在研究企业专利行为的过程中运用了社会网络分析法。企业层面的社会网络主要由基于专利形成的企业社会关系构成，企业社会关系可以是企业间专利的合作、转移、共被引、引用与被引用等众多形态。Park Y N 等（2018）在识别建筑信息模型（Building Information Modeling，BIM）的技术结构和知识流特征时利用了专利引用网络。王菲菲等（2019）对石墨烯相关领域分别从论文和专利的角度分析了机构合作网络，从而探索产学研层面下石墨烯领域的潜在合作机会。Zhong B 等（2019）在研究中国建筑企业的专利合作模式与专利发展趋势过程中引入了社会网络分析法，得出该领域的专利合作主要发生在企业内部和国有企业在专利开发中发挥主导作用的结论。

对话语权的评价离不开对其在社会关系和权力结构构成的社会网络中的地位与价值的判断与解构，因此，在科技型企业专利话语权的评价过程中，社会网络分析可发挥其作用。

2.6 本章小结

本章主要介绍了研究对象相关概念与本研究所依托的理论方法：首先对话语权及科技型企业专利话语权的概念进行了阐述与定义；其次对科技型企业专利话语权评价研究所涉及的相关理论

和方法进行了系统的概述和分析，主要包括科技创新理论与方法、科学评价理论与方法、专利分析理论与方法、社会网络分析理论与方法。本章对相关理论与方法的梳理将为后文的科技型企业专利话语权评价奠定理论与方法基础。

第3章　科技型企业专利话语权评价理论框架

　　事实上，在语境移植的过程中，对于"主流"表达的服膺有所区别。那么，在世界发展进程急剧加速和专利领域不断突破的双向反思环境下，建构既能科学高效地体现各细分板块的发展水平，又能保留和培植包含我国元素的更加完善的话语评价体系，是当前话语权争夺与话语权评价研究必要性的宏观表达。越来越多的各层次组织机构透过经济体制和多种经济载体传递并影响着行业动态与消费偏好，从而达到更为隐蔽地控制的目的。挖掘以科技型企业为焦点的专利话语权及其评价，是深度了解并建立这一细分领域在全球化与本土化纵深交融背景下运作机制的有效研究过程。

　　本章基于信息传播过程研究了科技型企业专利话语权的产生及其要素，对科技型企业专利话语权评价理论框架进行了分析，为科技型企业专利话语权评价模型构建与评价实证提供了理论支撑。理论框架分析包括分析科技型企业特征、功能和类别，阐述科技型企业专利话语权形成机制及构成要素，并基于形成机制与构成要素确定了科技型企业专利话语权的评价要素。

3.1　科技型企业的基本问题

3.1.1　科技型企业的特征

科技型企业一般以技术含量高、发展增速快、科研开发技术类人员比例高、研发费用在营业费用中占比高、营业收入中科研投资比重大、出口产品以技术密集型为主等特点著称。美国政府则主要从企业产品与服务中的原材料、劳动等要素和知识技术要素分别所占比重两方面来对科技型企业进行界定。也就是说，在以高新技术产品和服务的研发、生产、销售等一系列商业化相关活动为主要业务的科技型企业中，对知识技术与人才配置的比重有所要求（Whetten，1995；Pedler，1996；Burns，2004；赵嘉等，2011）。比如，一般的科技型企业中需要有 10% 以上的高端技术人才，特殊领域的边缘技术类企业对人才比重的要求更高，占比需要超过 15%。综合科技型企业在资金筹措、研发经营、投入产出等方面表现出的高投资、高回报、高风险、高发展等诸多其他类型企业所不具备的特征（Lewis，1980；Ledgerwood，1999；Wang，2012），将科技型企业的特征归纳如下。

（1）法律特征

科技型企业是具有企业法人资格、明确的从业范围、规范的公司章程、特定的工作场所的组织机构，是在所属国家的法律法规范围内从事经营运作的合法企业。因此，科技型企业的各项活动需要遵守法律规范与市场经济的运行规律。

（2）科技特征

科技型企业是将机器人制造技术、新媒体交互技术、环境可持续发展技术、半导体与芯片技术等高新技术与经济相结合的组织机构，以技术创新、成果转化为目标，以市场反馈、产业升级为导向，将科技发展与产业活动紧密结合。同时，对科技型企业的认定也在人员配置和经费投入方面提出了要求，如企业的高端技术人员的占比不能低于 30%，企业内部直接从事研发的专业人员占比不能低于 10%，用于企业产品与服务的研发经费投入每年不得低于企业总销售额的 3% 等。❶

（3）规模特征

科技型企业是典型的知识密集型企业，无论是产品类型、人员配置等各要素的特征，还是企业的业务范围，都体现着科技型企业的重心在于技术创新，因而在企业管理方面相对缺乏经验并无法投入大量精力。因此，大多数科技型企业的规模并不大，从几人到几百人不等，最常见的科技型企业规模保持在 100 人左右。这一方面便于管理层对企业各部门的妥善安排，尽可能减少因经验与精力带来的管理层面的疏漏，另一方面也便于企业集中资源进行科技创新。

（4）机制特征

为更好地顺应现代科技经济一体化的趋势，科技型企业在实际运行和发展实践中形成了具有自身独特风格的运行机制，主要包括以自主研发、成果转化、产出反哺为特征的自主创新机制，以政企分离、按劳分配、利益独立为特征的自主决策机制，以自我约束、自我激励为特征的自主行为机制等。

3.1.2 科技型企业的功能

科技型企业的队伍在不断地壮大。我国快速发展的科技型企业是重要的新生力量。科技型企业在经济增长、产业发展、就业吸纳、技术革新等方面作用显著，主要体现在以下两个方面。

---

❶ 参见：《高新技术企业认定管理工作指引》（国科发火〔2016〕195 号）。

（1）科技型企业为生产力转化提供推动力

通常情况下，部分企业常将自身技术作为储备而有计划地拖延技术转化周期，从而保护并维持既有的市场利益。科技型企业作为普及和转化高新技术的重要角色，凭借灵活的企业机制、迅速的市场反应、良好的产品服务成为科技发展向生产力转化的重要推手，极大地弥补了技术转化的缺陷（曹文才，2015）。

（2）科技型企业为科学技术创新提供源动力

当前，科技型企业凭借其突出的科技优势与灵活的企业机制在快速变化的市场中发挥作用，为科技市场的活跃发展提供基本保障。科技型企业因其自身的结构性特征与所处领域的竞争性环境，不断强化自身市场发展与技术发展需求"传送带"的功能定位，以源源不断的技术革新在最短时间内实现一个又一个创新成果转化为生产力的目标。

3.1.3　科技型企业的类别

国外对科技型企业没有统一且明确的区分。国内的科技型企业按照企业规模可以分为大型、中型和小型科技型企业，按照登记注册类型可以分为内资、国有、港澳台投资和外商投资科技型产业企业❶。具体的分类类别及认定条件见表 3 - 1。

表 3 - 1　国内科技型企业类别及认定条件

类　别	认定条件
科技型中小企业❷	科技人员占企业职员总数 30% 以上； 研发费用占销售收入 6% 以上，占成本费用 30% 以上； 拥有一类或二类知识产权

❶　参见：中国高技术产业数据库 EPS DATA，网址 http：//olap. epsnet. com. cn/auth/platform. html？sid = 322FD3CDF4794E640869B71DA1539E0D_ipv412806238&cubeId = 971。

❷　《科技型中小企业评价办法》（国科发政〔2017〕115 号）。在国内注册的居民企业（中小型），不必满 1 年，全年随时认定。

续表

类　别	认定条件
高新技术企业❶	注册成立 1 年以上，税务为查账征收； 拥有自主知识产权； 主要产品（服务）属于《国家重点支持的高新技术领域》八大领域的细分三级目录内； 科技人员占比 10% 以上； 按销售收入不同，近 3 年的研发费用占比 3%、4%、5%以上； 近 1 年的高新技术产品（服务）收入占总收入 60% 以上； 在知识产权、成果转化、研发组织管理水平和成长性方面均有突出表现； 申请认定前 1 年内未发生重大安全事故、重大质量事故或严重环境违法行为
科技小巨人企业	最近 1 年企业营业收入达到 1000 万元及以上； 最近 1 年企业营业收入或净利润增长率不低于 20%； 企业符合《关于印发中小企业划型标准规定的通知》中关于中小型企业的划型标准❷❸； 高新技术企业优先评定，非高新技术企业条件提高
瞪羚企业❹	国家级：纳入国家火炬计划❺的企业； 省级：筛选企业近 3 年/近 4 年（潜在）的收入、研发等相关数据认定

---

❶　参见：《高新技术企业认定管理工作指引》（国科发火〔2016〕195 号）。
❷　参见：《关于印发中小企业划型标准规定的通知》（工信部联企业〔2011〕300 号）。
❸　参见：《统计上大中小微型企业划分办法（2017）》（国统字〔2017〕213 号）。
❹　瞪羚企业是指快速成长、营业收入或人员增长率及科技活动投入强度达标的企业。
❺　参见：科学技术部火炬高技术产业开发中心网站，网址：http：//www. china-torch. gov. cn/。

续表

类　别	认定条件
独角兽企业❶	国家级：企业成立 10 年以内，估值超过 10 亿美元； 省级：企业成立 10 年以内，估值超过 10 亿美元； 潜在：企业成立 5 年以内，估值超过 1 亿美元；或企业成立 9 年以内，估值超过 5 亿美元； 种子：企业成立 3 年以内，估值超过 1 亿人民币

3.2　科技型企业专利话语权形成机制

科技型企业专利话语权是在传播过程中产生的。通过对科技型企业专利话语权产生要素的分析，可以获得由话语传播力、话语影响力与话语引导力三个方面构成的科技型企业专利话语权评价框架。

3.2.1　科技型企业专利话语权形成背景

当前，世界正在努力应对新冠肺炎疫情所带来的经济和社会影响。现在比以往任何时候都更需要创新，尤其是新冠肺炎诊疗方案与疫苗研发的突破性进展，为人类克服经济停摆带来极大希望。当然，这场蔓延全球的流行病有力地提醒我们，公共卫生与医疗领域的研发和创新不是奢侈品，而是必需品。从全球的经济与社会情状来看，医疗保健领域的创新仅仅是其中一个方面，科技创新作为建设可持续和包容性未来的途径继续在全球各领域彰显活力。与此同时，新冠肺炎疫情常态化的局面对许多传统行

---

❶　独角兽企业是指具有平台、跨界等属性，且获得过较大数额私募投资但未上市的新经济业态企业。

业，如旅游业、零售业、影视业、教育业等行业的发展创新起到了催化剂的作用，激发了企业与个人在工作组织方式层面的创新，以及本地和全球在生产组织方式层面的创新。

科技创新是发展的第一动力，而知识产权的相关问题是保护科技创新的重要组成部分。当前我国的知识产权事业有所成就，但面对国家战略高度的新要求，在关系国家治理体系与治理能力现代化的层面，必须在保护知识产权的设计、程序、体制机制等诸方面增强意识，不断建设（习近平，2021）。在科技创新特别是知识产权问题中的开放合作、人才培养、成果转化等方面的具体举措是构建新发展格局、实现高质量发展的必由之路（夏浩然，2021）。历史证明，对重大问题和关键领域话语权的争夺往往影响着行业格局、国家利益乃至世界局势。面对当前技术博弈与技术壁垒、信息盗取与信息鸿沟等多种复杂问题交织的局面，知识产权话语权的竞争就是世界科技最前沿的竞争，同时深度影响着新一轮科技革命和产业变革的结果。

以美国为例，美国何以成就并雄踞世界第一制造强国的地位多年？正是通过科技自主创新从而获得大量知识产权，又在保护知识产权的前提下不断发展技术，从而不断增强其制造业的规模与实力，凭借突出的产业价值打造和提升了国家话语权，并在高密度知识产权的前提下实现了制造业的产业腾飞。我国目前已经意识到知识产权的重要性并着力构建包含自主知识产权在内的国家创新体系，推动提升国家的多元话语权。随着知识产权贸易化和经济贸易知识化的融合与发展，科技型企业的专利话语权议题进一步受到关注。

3.2.2　科技型企业专利话语权形成过程

2021 年 1 月 25 日，习近平主席在世界经济论坛"达沃斯议程"对话会的致辞表明，当前全球人类命运共同体的客观事实不变，且中国正在推动人类命运共同体理念的内涵与实践在各领域不断加深与丰富，各国各地区之间的联系持续密切。但当前百年未有之大变局加速演进，各类全球性风险挑战不断涌现，国际权力格局进行深度调整，全球治理体系与制度亟待变革（习近平，2018；本报评论员，2021）。面对当前局势，各国向多边主义精神靠拢的迹象浮现，《数字经济伙伴关系协定》（DEPA）、《区域全面经济伙伴关系协定》（RCEP）、《跨太平洋伙伴关系协定》（TPP）、《全面与进步跨太平洋伙伴关系协定》（CPTPP）等国际条约有望在未来全球经济贸易中发挥各自的作用，全球化与国际合作信任大势不可逆。因此，在不断走深走实人类命运共同体的各项建设过程中，话语权的相关议题必然是国际各领域日渐讨论的焦点之一。

话语权的提法源自 20 世纪的西方，但有关话语权的研究是近几年才逐步深入并引起重视的课题。虽然跨入后疫情时代，全球化在不同领域受到一定程度的影响，但纵观历史上数次重现的关于"细微差异的自我迷恋"（西格蒙德·弗洛伊德语），那么已然在政治、经济、文化等诸方面深度交融的世界，不仅绕不开对话语权的争夺，地区、国家或城市乃至行业与企业所面临的关于话语权的不断竞争与细分也都将更加严峻。

纵观古今中外的竞争，其实质就是对话语权的竞争。企业作为市场经济活动的主要参与者（国家税务总局，2019），寻找并打造自身话语权的过程，就是对所属领域"蓝海"市场不断竞争与不断细分的过程，这也符合市场经济的基本准则。拥有了话语权，也就拥有了一定的竞争力，因此，打造并评估企业的话语权，其重要性不言而喻。

话语权聚焦于主体在博弈状态中所不断打造和保持的核心竞争力，而对话语权的评价也是对竞争力理论研究更直观和具象的深化。

如图 3 - 1 所示，专利授予情况反映着科技型企业的研发水平，也影响着企业生产销售环节的整体水平。若企业的专利数量与专利活动增加，首先表明企业在研发活动中拥有足够的人力与财力，同时也有助于据此而来的企业产品在市场竞争中占有一席之地。

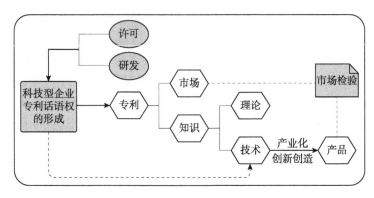

图 3 - 1　科技型企业专利话语权的形成过程

3.2.3　科技型企业专利话语权构成要素

专利借助自身的企业专利权人平台，通过话语渠道表达和传播专利所包含的技术理念、创新主张和转化方式，获得其他客体的认同、接受和服从，产生技术、经济和社会价值的同时对其他客体产生了影响，专利才拥有了话语权。借助传播学的相关理论，专利话语权的产生是符合拉斯韦尔"5W"（Who→Says What→In Which Channel→To Whom→With What Effect）传播模式的一种传播活动（Lasswell，1948）。类似地，梁凯音（2009）也从同一视角剖析了国际话语权涉及的五个要素。在此基础上，本研究将专利话语权分为五个构成要素进行讨论，分别是话语主体、话语内容、话语媒介、话语客体和话语效果。

（1）话语主体

话语主体对应的是"5W"传播模式中的"Who"，在科技型企业的专利话语权中，体现为科技型企业的专利。不同科技型企业的专利话语权的强弱受到多种因素的影响，这些影响因素包括企业规模、人力资源、资本实力和覆盖范围等。专利话语权在一定程度上可以被看作科技型企业的竞争优势之一。

（2）话语内容

话语内容对应的是"5W"传播模式中的"Says What"，是话语主体通过各种话语媒介传播给话语客体的全部信息，是话语权的核心构成。Stasik（2003）曾提到"或有专利，或被淘汰"（patent or perish），专利的重要性不言而喻。科技型企业专利话语权话语内容的价值决定着话语权的评估结果，高新技术行业尤其重视专利，以知识和技术为内核的专利与标准关系着科技型企业的核心利益。

（3）话语媒介

话语媒介对应的是"5W"传播模式中的"In Which Channel"，是话语主体进行话语表达所运用的工具或渠道，是话语权生效的物质手段。通常来说，话语媒介的数量和质量影响着对话语权强弱的评价，话语媒介的数量越多，质量越高，话语能够影响到的行为体的数量和对其他行为体的影响力就越广，相应地也会从范围和权威两个层面提升话语权。目前，提升专利话语权可以借助以下几类话语媒介和工具。首先是媒体。企业通过在传统媒体上投放广告宣传品牌和产品，达到品牌传播和产品推广的目的。随着新媒体工具与平台的涌现，企业也可把握机会在各社交平台上进行品牌宣传。无论是何种媒体形式，都以推广企业产品为主要内容，因为企业产品是企业技术与专利的结晶。其次是专利主管部门。专利主管部门负责接收企业的专利申请加以审核，并公布获得授权的企业专利。这一流程是企业保护与披露自身技术信息的主要形式。最后是国际标准化活动。企业通过参与国际标准化活动中的提案、谈判、起草、修订等一系列活动，在了解行业前沿的同时，争取自身利益，提升企业声誉，引导技术发展，参与国际交流，努力提高企业在国际性活动中的参与度和竞争力。

（4）话语客体

话语客体对应的是"5W"传播模式中的"To Whom"，是话语的接受者。凡受到作为话语主体的科技型企业专利影响的行为体都是专利话语权的话语客体——这个角色可以是其他的企业或组织、公众、主权国家等。在进行科技型企业专利话语权评价时，根据话语客体的不同，评价各构成要素的侧重点也不同。

（5）话语效果

话语效果对应的是"5W"传播模式中的"With What Effect"，是指话语主体表达的话语所引起的话语客体在思想观念、行为方式等层面的变化。话语效果是检验话语权是否实现的重要尺度，不产生效果的话语表达是不会产生话语权的。

科技型企业专利话语权多重构成要素的综合搭配形成了话语的表达效果，即语力这一话语权的必要条件（陈开举，2012）。

3.3 科技型企业专利话语权评价要素及其特征

在前文关于"话语权"的概念界定中，认为话语包括语境性、传播性与目的性三个特性，"权力"包括影响性、引导性两个特性。根据语境性特征，在专利话语权中，专利文献即为话语，具有话的"传播性"特性。根据目的性特征，在专利话语权中，专利权人申请专利的目的是获得专利权，抢占市场，引导行业发展，获得技术壁垒，定义行业规则，也就是"权力"的体现，包括了权力的两个特征"影响性"与"引导性"。因此，如表3-2所示，结合话语权的特性与科技型企业专利话语权的构成要素，专利话语权包括三个评价要素：专利话语权的传播力评价体现在专利权人的专利获得授权之后的转化能力,专利话语权的影响力评价体现在对其他专利权人技术研究方向、结果的影响能力,专利话语权的引导力评价体现在对行业规则的影响能力与制定能力。

表3-2 专利话语权评价要素

评价要素	要素体现	解析维度
传播力	专利交易数量	专利转化
	专利收入	
影响力	专利平均引用次数	专利运用
	专利国际保护范围	专利保护
	专利诉讼数量	
引导力	属地政策	
	有效专利数量	专利布局
	同族专利指数	
	标准必要专利数量	专利运用
	专利获奖情况	
	有效专利质量	专利研发
	专利研发投入费用	
	科技活动人员占从业人员比重	
	所属行业协会/技术委员会成员数量	专利管理

3.3.1 专利话语权评价要素

结合专利话语权的构成要素与形成机制分析,可以进一步总结:"专利申请"与"专利授权"为手段,"技术影响"为必要途径,"技术壁垒"为最终目的。那么从面向科技型企业专利话语权的评价要素角度来总结:传播力是话语权的基础,推动专利话语权的影响力提升;影响力是话语权的保障,推动专利权人话语权的引导力增长;引导力是话语权的表现。各评价要素间的关系如图 3 – 2 所示。

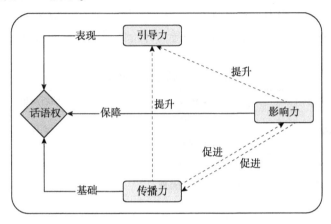

图 3 – 2 专利话语权评价要素关系解析

（1）传播力评价要素解析

国内学术界与业界对于传播力定义的争论主要集中在两点：首先是"传播的能力"，其次是"传播的效力"。这两种评价标准单独使用都有不足之处，在实际研究过程中应当从"能力"和"效力"相结合的角度来界定和运用传播力这一概念。因此，所谓传播力就是传播主体在充分利用各种手段的基础上实现有效传播的能力。科技型企业的专利传播主要分为专利本体的传播与专利转化成果的传播。围绕这两种传播形态，可以进一步解析专利传播力评价要素。

（2）影响力评价要素解析

影响力作为已被广泛应用和探讨的科学计量学界的热点词汇，有着丰富的解读视角。在本研究中，主要聚焦科学研究方面的影响力，它可以作用于论文、期刊、著者、团体、组织、机构、国家等众多层面。受学术发展与研究对象的影响，关于影响力的内涵尚未有统一的观点，需要在具体研究中先行定位。

在国内外学者的研究中，有关影响力的解读十分丰富。从广义上看，评估影响力时会讨论科学研究所产生的社会影响，比如教育领域科研项目的投资是否真实改善了教育与就业困境，使得劳动力市场矛盾得以缓和以实现国家经济的良性运行等，这表明科学研究在经济、社会、环境、国防、教育和公共卫生等方面所产生的价值与意义备受关注。越来越多的学者也在科学研究中同时展现技术成果、商业化产品的呈现状态与宏观意义上的公共价值（Bozeman，2011）。在一些国家的科学研究影响力评估中，对影响力在学术与社会两个层面的表现分别进行评价。其中英国的影响力评估最具代表性（UK Council，2014；刘兴凯等，2015）。在英国，影响力已成为社会性的评估术语。Ricker（2017）认为关于科学研究方面影响力的讨论受公共决策部门和利益相关者关注点的影响——通常它们是对某一特定方面产生兴趣。

在科学计量学的范畴中，影响力的定义又有所变化。Ricker（2017）认为影响力是对科学内和社会所有部门的共同影响，这一观点拓宽了影响力的测量范围与评价范围，也削弱了影响力评价结果在质量方面的代表性，更加突出科学与社会简单共鸣的原始意义。D'Este 等（2018）则认为影响力主要指的是学术影响力，是科学计量学视角下对研究成果为科学技术进步所作出贡献的评估，并不涉及社会影响。

通过对影响力及影响力评价相关研究的简单梳理，可以更加清晰地感知到科学研究的影响力因学科领域与研究需求的差异表现出不同的内涵。在实际研究过程中，影响力的定义受研究需求、研究目的、研究对象和研究主题等多方面因素的影响。在本研究中，将科学研究的影响力进一步解构为学术影响力和社会影响力——这两方面均与专业知识生产者群体内的认可程度紧密关联。

（3）引导力评价要素解析

关于引导力定义的研究，学界进行了广泛的探讨，并且不同时期对引导力的定义各有侧重。如学界认为引导力的定义经历了被引导者受到引导的意愿影响、影响人们向共同的方向前进等不同阶段。

引导是指带动事物跟随主体的思想和行为向某一方向运动或发展，一般多用在人类社会中。引导力是对人们的思想和行为的一种引领动向。学界对关于引导力的研究进行了深入的探讨。

引导力是引导与领率的能力，通常可以从地位、主体、结果和过程的视角进行分析，具体体现在文化、策略、意识形态等各个方面。

3.3.2 科技型企业专利话语权评价要素特征分析

专利话语权具有三个评价要素：传播力、影响力与引导力。但由于领域差异的影响，不同领域的专利话语权的评价要素内涵有所区别，因此，需要结合科技型企业的领域特点，对专利话语权的三个评价要素继续进行分析。

科技型企业的行业特点为：社会扩散与辐射性、高投资性、创新性和全球性。具体体现在：高新技术产业内部易形成战略联盟，相关企业通过研发合作进行技术共享；技术研发的投入成本高；高新技术是知识密集型产业，通过创新产生技术壁垒，形成竞争优势。

（1）传播力评价的特征分析

根据科技型企业的社会扩散与辐射性特征，Haas（1989）的共有知识理论认为，共有知识是连接科学技术与话语权的节点，它可以塑造行为体与其他行为体之间共有利益的认知，若某主体主动引导共有知识产出，会对其他主体的行为、偏好产生影响，在专利权人背景下，共有知识表现为专利权人共同持有的专利。因此，专利交易是科技型企业专利话语权传播力的第一个评价要素。

林洲钰等（2014）的研究指出，技术创新能力与标准制定的话语权呈正相关关系，并且创新性是科技型企业的第三个行业特征。当技术创新能力增强时，政治关系对于话语权的重要性会进一步降低。在专利话语权的传播性发挥作用时，权力分为制度性、技术性、解释性三个方面，具有了技术竞争力的国家，才更有利于发挥制度性权力与解释性权力优势，从而传播本国意志（任琳，2013），因此，专利交易与专利转化是话语权传播力的重要评价要素。综上所述，科技型企业的专利话语权的传播力评价要素可被进一步解析为专利转化中涉及的专利交易数量与专利交易收入等。

（2）影响力评价的特征分析

在科技型企业专利话语权的影响力评价要素方面，专利权人的专利技术除了影响自身的专利技术外，还对其他专利权人的技术研究方向产生影响。从技术深度来看，专利权人的专利会影响本行业的专利技术研究，即具有行业内影响力。从技术广度来看，专利权人的专利还会影响其他行业的专利技术研究，即具有行业外影响力。因此，科技型企业专利话语权的影响力评价要素可被进一步解析为专利引用次数、专利保护范围，以及可能发生的专利纠纷等。

（3）引导力评价的特征分析

科技型企业的第四个行业特征为全球性。在国际关系中，拥有国际话语权的国家可以主导国际事件，影响国际事务、舆论的发展，甚至制定国际规则。世界各国不断增强争夺国际话语权的意识，以达到维护国家利益、提升国际地位的目的。如何界定专利技术、行业标准与国家主权的关系，如何判断专利侵权、专利壁垒等是否符合国际法等标准，都是国际专利话语权的博弈主体（刘小燕等，2017）。因此，科技型企业的专利话语权的引导力评价要素可被进一步解析为属地政策背景下的专利数量、专利质量、专利投入、参与行业标准与技术委员会情况和专利获奖信息等。

综上所述，本部分在前文所提出的话语权构成要素基础上，结合科技型企业的主体特征，赋予了专利话语权评价要素以具体含义，并明确了评价要素之间的关系；结合科技型企业的特点，进一步解析了科技型企业的专利话语权要素。

3.4 本章小结

本章对科技型企业专利话语权评价的理论框架进行了分析，如图3-3所示。本章阐述了科技型企业的相关基本问题及科技型企业专利话语权形成机制，分析了科技型企业专利话语权评价要素及其特征。主要的研究内容与结论如下。

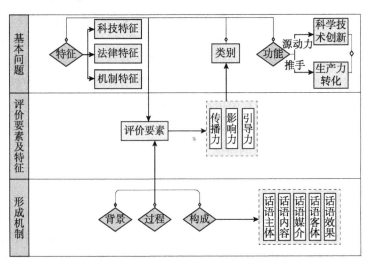

图3-3 科技型企业专利话语权评价理论框架

（1）阐述了科技型企业的特征、功能与类别等基本问题。科技型企业在科技、法律和机制方面呈现不同的特征，在科学技术创新和现实生产力转化等方面发挥作用。依据不同的分类标准，科技型企业也被划分为不同的类别。

（2）分析了科技型企业专利话语权的形成机制。依照科技型企业专利活动开展的过程，在专利布局、专利研发、专利运用、专利保护、专利管理和专利转化的各环节分别形成了与话语权特征相对照的要素。本章从传播学的视角分析了科技型企业专利话语权的构成要素。

（3）提出了科技型企业专利话语权的评价要素。结合话语权的特性与科技型企业专利话语权的构成要素，专利话语权包括三个评价要素：专利话语权的传播力评价体现在专利权人的专利获得授权之后的转化能力，专利话语权的影响力评价体现在对其他专利权人技术研究方向、结果的影响能力，专利话语权的引导力评价体现在对行业规则的影响能力与制定能力。本章对科技型企业专利话语权评价理论框架的研究为后文的评价模型与实证研究提供了理论依据。

第4章　科技型企业专利话语权评价指标体系

基于科技型企业专利话语权评价的理论框架，根据现有的文献研究与前文的总结提炼，本研究将专利话语权的评价解析为三个要素——传播力、影响力与引导力，使用文献调研的方法，统计与科技型企业专利话语权评价相关的指标，并在每个大类下分别选取具体指标进行相关性分析。

4.1　基于文献调研法的评价指标筛选

本节仔细梳理了已有研究中关于科技型企业专利话语权评价影响因素研究的结论，按照专利话语权形成的不同维度将相关指标对应到科技型企业专利话语权评价的引导力、影响力和传播力三类一级指标中，然后从中选出适用于科技型企业专利话语权评价要素的特征指标，构建科技型企业专利话语权评价的指标体系。

4.1.1　引导力评价指标相关性分析

知识经济时代，知识产权竞争是企业生存发展竞争的最高形式（姜军，2016）[序]。在经济发展新常态时期，全面提升产业的国际竞争力与话语权，从全球价值链竞争到全球创新链竞争都离不开知识产权竞争这一主题。对企业专利话语权的评价是企业专利竞争情况的直观体现，是企业发展战略的重要参考。美国制定的专利科技政策，将技术话语权放在首位，并加大力度在军事科技、航空航天等重点领域保持领先，突破性和前瞻性的技术是其竞争专利话语权的基础。科技型企业与所在地域的发展相互影响，科技型企业的选址要考量相应的地域资源，但企业的发展也是地域发展的重要组成。对人才的争夺是科技型企业话语权打造的重要支撑，人才资源是科技型企业的重要资源，是智慧争夺的核心要素。行业内部和行业间的竞争，以及产业集群和专业园区的发展，都对企业战略产生相应的影响（王廉，2008）[126]。表 4 - 1 为引导力要素涵盖指标与专利评价相关性的梳理结果。

表 4 - 1　引导力要素涵盖指标与专利评价的相关性结论

引导力要素			相关论文数量
特征	指标	相关性	
专利引证	技术循环周期	相关	1 篇
专利维持	专利维持时间	弱相关	1 篇
	专利维持率	相关	2 篇
专利范围	专利族大小	相关	1 篇
	权利要求数量	正相关	15 篇
法律效力	发明人数量	弱相关	3 篇
	申请人数量	相关	1 篇
	受让人数量	相关	2 篇
专利布局	发明专利比例	不相关	8 篇
	创新（科技）成果申请专利比	相关	2 篇
	有效专利数量	相关	5 篇

续表

引导力要素			相关论文
特征	指标	相关性	数量
专利布局	专利申请数量	相关	4 篇
	专利增长率	正相关	3 篇
	同族专利指数	正相关	4 篇
	平均专利年龄	正相关	1 篇
	每亿元主要业务收入有效发明专利量	正相关	3 篇
专利质量	技术标准化指数	正相关	2 篇
	企业国际技术标准提案数	正相关	2 篇
	企业发明专利向国际技术标准转化数	相关	1 篇
	企业拥有的国际技术标准数量在产业联盟中的占比	相关	1 篇
	专利质量指数	相关	2 篇
	技术发展路线关键点	相关	4 篇
	专利相关性	正相关	1 篇
	专利权人技术强度	正相关	1 篇
	专利权人平均技术覆盖范围	正相关	3 篇
		相关	3 篇
		不相关	1 篇
	专利行业竞争贡献度	相关	3 篇
	专利行业市场覆盖面	相关	3 篇
	专利权人科学相关度	相关	4 篇
	专利权人技术生命周期	相关	1 篇
专利投入与支出	研发投入	相关	2 篇
	研发人员数量	弱相关	1 篇
	研发机构数量	弱相关	1 篇
	平均研发周期	相关	2 篇

续表

引导力要素			相关论文
特征	指标	相关性	数量
专利投入与支出	覆盖企业专利活动成本比例	弱相关	1 篇
	有效专利接受专利资助比例	相关	1 篇
	科技活动人员占从业人员比重	不相关	2 篇
	研发活动人员占科技活动人员比重	不相关	1 篇
	企业研发活动人员占企业职工比重	相关	7 篇
	全社会研发支出占国内生产总值（GDP）的比例	正相关	3 篇
	财政科技拨款占财政支出比重	正相关	1 篇
	企业研发经费占销售收入的比例	不相关	1 篇
客观环境	技术委员会成员数量	正相关	2 篇
	行业协会成员数量	相关	2 篇
	国家政策	相关	11 篇
	专利获奖情况	相关	1 篇

技术循环周期（technology cycle time，TCT）是指专利引用的所有专利文献的中值年龄。技术循环周期通常用来反映企业或国家的专利质量整体水平。专利维持时间是指观测专利授权后保持有效性的、以年为计算单位的时间期限，主要由两种因素决定：首先是专利的经济价值，其次是专利的非经济价值。专利维持率是指在某个时间点有效专利占总体专利的比例。帕克斯等（Pakes et al.，1984）最早用专利维持模型揭示专利价值。后来他们（Schankerman et al.，1985）修正了先前构建的模型。专利保护范围通常是指权利要求所确定的法律效力的范围。帕特南（Putnam，1996）最早引入专利族大小用作专利价值指标。权利要求数量包括独立权利要求数量和从属权利要求数量，可以在一定程度上反映专利的保护"范围"或保护"宽度"（Hall，

2001)。技术覆盖范围是指专利所涉及的技术领域范围。但是，技术覆盖范围还是一个颇受争议的指标，有待进一步验证。经过多位学者的研究，目前可以得出的结论是，在企业中，发明人数量更能反映专利质量，受让人数量与申请人数量可能更多反映专利价值。

4.1.2 影响力评价指标相关性分析

专利引文数量指的是专利引用专利文献、科学文献等现有技术的数量。通常专利引文可以分为专利文献和非专利文献、中立引文和坏引文、自引引文和他引引文等类别。引用专利数量是指观测专利引用专利文献的数量（Harhoff et al.，2003；Burke et al.，2007）。引用非专利文献数量包含有少量专利质量信息，但具体效力如何还有待进一步验证（Alcacer et al.，2006；He et al.，2007）。世界知识产权组织国际局和欧洲专利局提供的检索报告中包括表明特别相关和其他相关的两类引文类型。自引引文是指观测专利引用权利人自己的在先专利文献或者发明人自己的在先科学论文，反之则是他引引文；自引科学论文数量能够反映专利的科学积累（Sapsalis et al.，2006）。被引次数是指观测专利被后续专利引用的次数（Karki，1997）。被引次数作为基础技术的影响力，对本领域后续技术创新具有贡献，但是，由于时间截面、引证膨胀和技术领域差异的影响，往往不直接使用原始被引次数这一指标（陈达仁等，2005）。霍尔等（Hall et al.，2001）提出的两种修正方法——固定效果法和准解构法，值得借鉴。即时影响指数（citation impact index，CII）是即年指标，国内学者也称其为当前影响力（指数）。科学关联度（science linkage，SL）也被称为"科学连结"，有学者通过实证研究验证了它的效力（Gay et al.，2005）。吸收指数的计算公式如下：

$$OI = 1 - \sum_{i=1}^{k} \left(\frac{N_i}{N}\right)^2 \qquad (4-1)$$

其中，OI 表示吸收指数，k 为观测专利引用的专利所属的不同技术领域的个数，N_i 为属于 i 技术领域的被引专利数量，N 为被引专利的总数，$0 \leqslant OI \leqslant 1$。$OI$ 值越大，说明观测专利吸收的专利技术领域越宽泛，技术集成性越突出。表 4-2 为影响力要素涵盖指标与专利评价相关性的梳理结果。

表 4-2　影响力要素涵盖指标与专利评价的相关性结论

影响力要素			相关论文
特征	指标	相关性	数量
专利引用	引文数量	相关	3 篇
	引用专利/非专利文献数量	正相关	1 篇
		负相关	1 篇
	坏引文/中立引文数量	相关	2 篇
		负相关	1 篇
	自引引文数量	相关	2 篇
	平均引用次数	相关	3 篇
	被引次数	正相关	3 篇
		相关	1 篇
		不相关	1 篇
专利质量	技术覆盖范围	相关	6 篇
	国际保护范围	正相关	1 篇
法律效力	专利异议	相关	4 篇
	专利无效宣告请求	不相关	1 篇
	专利诉讼结果	正相关	2 篇
	专利诉讼数量	相关	4 篇
技术渗透	吸收指数	相关	2 篇
	企业新闻数量	不相关	1 篇
	专利侵权损失	相关	1 篇
	专利维权投入	相关	2 篇

4.1.3 传播力评价指标相关性分析

扩散指数的计算公式如下：

$$GI = 1 - \sum_{i=1}^{k} \left(\frac{N_i}{N} \right)^2 \qquad (4-2)$$

其中，GI 表示扩散指数，k 为观测专利所属的不同技术领域的个数，N_i 为属于 i 技术领域的施引专利个数，N 为施引专利的总数，$0 \leqslant GI \leqslant 1$。$GI$ 值越大，说明观测专利扩散的专利技术领域越宽泛，传播范围越大。通过文献综述与文献调研，表 4-3 为传播力要素涵盖指标与专利评价相关性的梳理结果。

表 4-3　传播力要素涵盖指标与专利评价的相关性结论

传播力要素			相关论文
特征	指标	相关性	数量
专利渗透	扩散指数	正相关	3 篇
		相关	2 篇
专利实施与产业化	专利实施率	正相关	1 篇
	专利产业化率	正相关	1 篇
专利许可与转让	专利许可率	相关	6 篇
	专利转让率	相关	4 篇
专利价值	售出专利数量	相关	2 篇
	专利交易数量	相关	4 篇
	专利收入与预期收入	相关	1 篇
	未实施专利利益	不相关	1 篇

4.2　科技型企业专利话语权评价指标体系设计

"凝视"专利话语权的实质是"凝视"综合国力。事实上，这一观点可以被称为模型构建的"规范化幻觉"(特里·伊格尔顿语),即指标体系的意见基础。

评价科技型企业专利话语权要同时兼顾法学和经济学两个研究领域(Mossoff, 2006),而在不同领域中寻求指标设计的平衡的同时,对指标间相互关系和作用的研究也不容忽视。在商业法体系中有关专利的说明与解读可以被视作探究其在法学与经济学领域间关系的理论基础之一,如在讨论同一商品上受"专利丛林"影响的交易成本差异问题时,"专利丛林"中不同专利的使用所涉及的话语权是决定商业化效果的关键所在(Heller, 1999),在此基础上加入对专利许可数量的参考,这些共同构成了对话语权强弱及类型的探讨。而前文提到的专利许可及其数量又是通过专利交易来实现的,因此涉及专利的企业贸易活动是一个多层交易体系,这也进一步体现了在这一研究问题上法学与经济学的深度交融。即在涉及专利的公共选择行为中,相对偏好强度与能力广泛映射着商业化能力的诸多参数。另外,作为影响专利权标的物在经济下游链条中商品化程度的重要依托,专利同时受到经济规则与法律规则的支持,用以保护专利权人和企业的合理化投资活动——这体现了专利登记理论与商业化理论的充分协调与互相促进(Smith, 2003)。

通过前文的文献综述与文献调研,结合专家意见,本研究选取了 14 个指标作为科技型企业专利话语权的评价指标,各维度包含的二级指标和三级指标如表 4 - 4 所示。

表 4 - 4 科技型企业专利话语权评价指标设计

一级指标	二级指标	三级指标	评价维度
引导力	有效专利数量		专利布局
	同族专利指数		

续表

一级指标	二级指标	三级指标	评价维度
引导力	有效专利质量	专利技术独立性	专利研发 专利运用
		专利技术质量	
		专利权人技术强度	
		专利权人平均技术覆盖范围	
		专利行业竞争贡献度	
		专利行业市场覆盖率	
		专利权人科学相关度	
		专利法律效力	
	专利研发投入费用		专利研发
	科技活动人员占从业人员比重*		
	标准必要专利数量		专利运用
	专利获奖情况*		
	属地政策*		专利保护
	所属行业协会/技术委员会成员数量*		专利管理
影响力	专利平均引用次数		专利运用
	专利国际保护范围		专利保护
	专利诉讼数量*		
传播力	专利交易数量		专利转化
	专利收入		

注: 带 * 的指标是预设指标与机动指标。

4.2.1 引导力评价指标设计

(1) 有效专利数量与同族专利指数

对于科技型企业而言, 无论企业所拥有的专利的强弱, 在专利布局上往往都要制定一定的企业战略——这里的专利布局指的是专利数量布局（谢顺星，2010）[185]。当企业具有的专利普遍在行业或领域内较弱（这里的弱指的是专利质量的表现，后文会对其加以阐释）时，企业往往会选择尽可能大量的专利汇聚，来确保应对反垄断监管与在公共选择流程之后的行业相对主导地位，如日本企业采用的"overlaps between corporate governance and industrial organization"战略，该战略通常被翻译为"经连会战略"（竹中俊子，2013）。

技术是科技型企业竞争的利器，合理的专利布局可以有效地保护企业专利技术并最大限度地发挥专利价值，进一步提升企业的市场竞争力。常见的专利布局方式有城墙式、地毯式、糖衣式、路障式等（谢顺星，2010）[186]。

全球有效专利在 2019 年增长了 7%，达到约 1500 万件。其中，美国拥有的有效专利数量最多，约 310 万件，其次是中国（270 万件）、日本（210 万件）、韩国（100 万件）。向国外专利主管部门提交专利申请是在海外进行市场扩张的明显信号。2019 年，美国向海外提交了 236032 件同等专利申请，在这一领域继续保持着世界领先地位；其次是日本（206758 件）、德国（104736 件）、中国（84279 件）和韩国（76824 件）（WIPO，2020）。

（2）所属行业协会/技术委员会成员数量、属地政策与专利获奖情况

在话语权重组与竞争的过程中，专利话语权的细分和深化呈现出专业化、公共化和全面化的特征。专利话语权的形成和竞争，可以聚焦在一种符号、一类平台，如会议、宣言、公约、规则、决议、纲领、方案、报告、事件、活动等。

在知识经济时代，专利贸易与商业贸易中涉及的专利含量都在急剧增加，而这一发展趋势也促使商业贸易中原有的商业壁垒、商业纠纷、商业侵权等概念与专利相关联。按照标的来划分

国际贸易类型，分为货物贸易、服务贸易和知识产权贸易三类（黄玉烨，2014）[4]。在评价科技型企业专利话语权的过程中，主要涉及货物贸易与知识产权贸易，具体包括科技型企业的高新技术产品、被科技型企业专利改造的传统产业产品及专利许可与转让。专利的高速发展推动了专利保护意识的增强，而专利在国际贸易中占比的增多也促使世界各国为保护本国利益或限制他国产品崛起而不断加强专利保护力度，使得国际贸易壁垒由原来的以关税壁垒为主转变为以非关税壁垒为主（黄玉烨，2014）[13-19]，专利壁垒在这其中具有代表性。

结合知识产权壁垒的概念来看，专利壁垒也可以从广义、中义和狭义三个层面来理解，区别在于专利壁垒设置主体和贸易措施的限定范围。本研究主要从广义的角度理解专利壁垒这一概念，即政府、组织、企业或者个人基于专利保护而采取或支持的阻碍国际贸易的政策措施，具体包含技术标准类专利壁垒、海关保护类专利壁垒和专利权滥用。

在回顾专利国际保护规则的基础上梳理我国参与专利保护国际公约的情况，大致分为巴黎联盟和伯尔尼联盟时期、世界知识产权组织时期、世界贸易组织时期三个阶段（吴汉东，2009）。1883 年《保护工业产权巴黎公约》的签订是知识产权正式成为国际制度规则的标志，这是第一个知识产权国际保护条约（朱丽，2017）。1967 年，世界知识产权组织的成立是进入知识产权组织时期的标志。1974 年，世界知识产权组织成为联合国系统的特别机构。截至 2022 年 12 月 15 日，世界知识产权组织共有成员国 193 个。1994 年，《与贸易有关的知识产权协定》的达成实现了科学技术、国际贸易与知识产权三者间的紧密关联（Cottier，2005），不仅确定了知识产权在国际贸易中的地位，也为保护国际贸易中的知识产权建立了监督执行机制（李冬梅等，2001）。这里提到的是三个阶段的代表性组织、公约、标准等。加入国际

性或区域性的组织和公约，参与世界范围内的标准制定，一方面
有利于保障我国拥有参与、协调、沟通、谈判的机会，另一方面
有利于尽可能降低国际范围内的专利壁垒的负面效应，有助于维
护和提升自身的专利话语权。表4-5显示了我国参与专利保护
国际公约的情况，未呈现包含专利内容的双边或多边自由贸易协
定（free trade agreement，FTA），具体行业领域的情况需要在评
价过程中具体分析完善。除此之外，国际上涉及专利保护的公约
与计划还包括《欧洲专利公约》（EPC）、《欧洲共同体专利公约》
（CPC）、《欧洲议会和欧盟理事会第2004/48/EC号知识产权执法
指令》、《中欧海关知识产权执法合作行动计划》、《日欧关于亚洲
知识产权执行的共同倡议》、各专利审查高速路（PPH）试点计
划、《反假冒贸易协定》（ACTA）、《跨太平洋伙伴关系协定》、
《专利法条约》（PLT）、《实体专利法条约》（SPLT）（草案）等，
其中《实体专利法条约》的谈判还有很长的一段路要走。

表4-5　中国参与专利保护国际公约的情况

序号	专利保护国际公约	加入时间	世界知识产权组织管理下公约所属类别
1	《建立世界知识产权组织公约》	1980年6月3日	—
2	《保护工业产权巴黎公约》	1985年3月19日	工业产权
3	《专利合作条约》	1994年1月1日	注册登记
4	《国际承认用于专利程序的微生物保存布达佩斯条约》	1995年7月1日	注册登记
5	《建立工业品外观设计国际分类洛迦诺协定》	1996年9月19日	国际分类
6	《国际专利分类斯特拉斯堡协定》	1997年6月19日	国际分类
7	《与贸易有关的知识产权协定》	2001年12月11日	—

　　企业在专利壁垒的设置中发挥着重要作用。从专利壁垒的类
型来看，在技术标准类专利壁垒方面，大多数情况为企业技术优
势与专利优势形成的事实标准。在海关保护类专利壁垒方面，企

业在诉讼案件起诉、举证、质证等环节作用突出，显著决定着专利诉讼案件的结果。在专利权滥用方面，主要是指专利权人非正当行使专利权。在维护企业自身利益的过程中，结合不平衡的国际实力与不一致的认定标准等复杂因素，专利诉讼在竞争企业间在所难免。根据世界贸易组织官网显示的数据进行统计，专利诉讼案件呈现出两大特点：一是专利侵权诉讼更加聚焦于科技型企业与高新技术领域；二是专利诉讼申诉方往往是领域内的优势企业。这些特点源自专利与科技型企业的高度紧密关联性，同时也表明在专利研发中投入大量精力并借此已获取重大利益的企业对于专利侵权更为敏感。但不可忽视的是，专利侵权诉讼案件的统计并未包含通过仲裁或调解而解决的专利纠纷，同时在实际的专利诉讼案件中还存在"专利流氓"等复杂情况。因此，专利侵权诉讼案件的数量既不能体现诉讼双方的实际竞争力，也无法尽可能地涵盖专利纠纷的范围，而这里尚未讨论未进行申诉的实际专利侵权行为。

　　科技型企业的专利工作受到两方面的影响：一是在技术更迭加剧的背景下，出于技术保护的目的，企业技术专利化的趋势成为常态；二是企业产品的综合性与生产技术的复杂性，使得产品本身融合多方面的技术，成为技术网络的实体化存在（徐明华等，2009）。这些影响因素导致企业间专利竞争局面愈加复杂：不仅要保护自身技术，还要在避免侵权的前提下合理使用他人的技术。在竞争激烈的产业化环境中，尤其是科技型企业更容易面对"专利丛林"的困境，如半导体（Shapiro，2001）、生物制药（Galasso et al.，2010）等行业。在"专利丛林"环境中，科技型企业可能面对"反公地悲剧"❶"潜水艇专利"❷"专利地雷

---

❶ "反公地悲剧"在这一语境中指各专利权人有权阻止或牵制其他专利权人对专利的实施，影响专利资源的有效配置和合作达成，或者使其在专利使用中付出高昂成本。
❷ "潜水艇专利"是指在审核申请期间、正式获得专利授权之前已经被广泛使用的被侵害权利的专利。

阵"❶ 等种种风险（Shapiro，2001），这些障碍的设置在短期内可能会让一部分企业获利，但长远来看，"专利丛林"的存在不利于行业和企业的良性可持续发展。同时，伴随技术发展而产生的正反馈下的网络效应、技术标准化下的转化成本引发的锁定效应、"敲竹杠"和双重边际行为下的高交易成本等经济壁垒，以及科技型企业间竞合模式的加剧，都促使企业为了规避风险而选择组织或加入专利联盟（即专利同盟、专利经营实体、专利池等），通过签订互惠协议实现组织内的专利共享（Viscusi，2000；Shapiro，2001；Andewelt，1984；Lerner et al.，2002）。专利联盟的专利共享致力于探索技术和经济两种衡量方法下的专利组合与专利功能的完善。针对专利关系的不同分类，专利联盟基本上组建了符合自身利益机制的许可模式，如图 4 – 1 所示（Grindley，1997；Carlson，1999）。

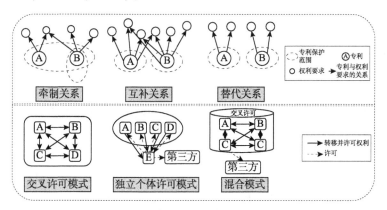

图 4 –1　围绕专利关系的专利联盟许可模式

资料来源：Merger，1997；徐明华等，2009。

---

❶ "专利地雷阵"主要是故意设置的企业向侵权企业索要许可费用的专利组合。

(3) 专利标准与标准必要专利数量

国际性专利组织、标准、条约、法例等是专利领域国际惯例与规范术语的形成基础，而这种建立在国际秩序中的权威约束进一步体现着话语权的深度变化，比如国际性或区域性组织的更替与分解、国际性标准或法例的谈判与修正等。在话语权的社会配置中，主流话语体系中的标准、法规等的制定者往往同时具有话语规则的解释权，位于话语权争夺的核心圈层。

标准是对符合行业标准的产品、流程、格式或程序的一致性追求（Tassey，2000）。"技术专利化、专利标准化、标准国际化"是国际话语权竞争的重要规则（姜军，2016）[7]，占领标准制定的制高点，有助于进一步提升话语权。科技型企业是否参与专利技术标准的制定，以及在技术标准中纳入自身专利的比例，是企业市场竞争力和企业间专利交叉许可谈判结果的重要影响因素。科技型企业需要用系统性、战略性的眼光来面对标准制定与专利壁垒下的话语权博弈，在技术标准中尽可能多地引入自身的专利技术，一方面能够使自身的专利技术得到推广，更大范围地实现标准化基础上专利技术的许可实施，另一方面便于依托专利技术的产品或服务的市场准入，同时有助于企业进一步抢占技术升级和产品开发的先机。

科技型企业对于国际性专利组织、标准、条约、法例等活动的参与，从根本上说是强化专利保护的策略性行为。当专利权人通过一些规定行使垄断权时，意味着不用考虑成本来对产品定价，那么也就实现了对市场的绝对统治。专利是行业内达成贸易合作协议的关键，合作的目的是专利垄断，从而控制市场价格以达到获利的目的（Drahos et al.，2002）。纵观各国企业，大致包括以下参与形式：一是自身或依靠代议机构在各类条例谈判中行使投票权，在最大范围内争取利益；二是依靠政府在国际国内的立法中保障利益；三是由部分企业组成的非政府组织向政府与其他组织施压，以获得有利权益；四是企业人员以国家智库等咨询机构成员的身份，将企业诉求包装在政府提案中，以获得政府决策中的偏向；五是借助国家力量，用其他方面的要求在跨国谈判中迫使对方接受谈判结果，从而实现自身的利益诉求（胡波，2009）。

专利被纳入标准后形成标准必要专利（邹亚，2017）。标准必要专利是指从技术方面来说对于实施标准必不可少的专利，或指为实施某一技术标准而必须使用的专利。对于广泛应用的标准，其标准中所包含的必要专利具有重要的商业价值。参与企业一方面能够借此主导标准的技术方向，建立竞争优势，另一方面也能借助标准的网络效应和技术锁定效应，通过专利许可获取巨大的经济利益。因此不但行业巨头会积极参与标准的制定，许多甚至不销售具体产品的企业也因其具有可观的潜在经济利益而投入其中。

（4）专利研发投入

信息技术领域的许多顶尖科技型企业通常拥有大量的现金储备，为不断强化技术创新而着力向数字化全面推进。制药和生物技术领域也是研发支出的主要行业。当前卫生领域的研发更加受到重视，因此该领域的研发支出未来可能会不断增长。随着发展清洁能源重新受到关注，运输等其他关键行业可以利用包含增加技术研发支出在内的多种方式加快适应步伐。

释放上述潜力在现阶段至关重要，需要来自政府的支持、合作模式的运用和私营部门对技术创新特别是专利研发的持续性投资。伴随新冠疫情所带来的全球性经济影响，企业的创新支出不可避免地呈现下降趋势，各国政府在面临更高公共债务的前提下均选择为科技型企业增加其创新支出，以尽可能抵消企业支出缩水所造成的影响。

（5）有效专利质量

专利审查人员会给专利分配至少一个国际专利分类号。用国际专利分类号可以测量专利的技术覆盖范围，体现专利权人的技术布局策略。专利的技术覆盖范围越广，专利技术的市场范围越大，专利的技术竞争能力越强（Lerner，1994）。

同族专利是基于同一个专利内容，在不同国家和地区申请的内容基本相似的一组专利。同族专利的数量可反映国际竞争能力的大小，同族专利数越多，说明该专利市场价值越高，对于行业标准制定的影响能力越强（Bessler et al.，2008）。

4.2.2　影响力评价指标设计

在目前复杂多变的国际形势下，大多数经济体和科技型企业能够通过融入全球价值链和创新网络获益良多。在国际层面加强科学技术合作，统筹开展研发活动，有利于解决当下和未来的重要社会问题。

以空间大小为单位计算影响力时，通常按照研究对象的差异划分为全球、行业、区域、国家等不同的区间距离，公式表达为：

$$P = K \cdot N \cdot \Omega \qquad (4-3)$$

P 代表影响力系数，K 代表经验常数，N 代表话语权指标，Ω 代表空间大小；在设定影响空间的边际收益起点的基础上，构建话语权空间与影响力分析模型（王廉，2008）[26-27]。

4.2.3　传播力评价指标设计

经济实力作为实力体现的重要组成部分，也成为话语权评价的关键面向之一。科技型企业的专利资产经营是开辟企业发展新财源、实现专利价值最大化和促进企业资产良性循环的重要途径。

专利资产经营的含义通常有广义和狭义之分。广义的专利资产经营是围绕专利开展的各种活动的统称，包括专利许可、专利预警、专利转让、专利维权等。狭义的专利资产经营是在运营专利以产生商业价值过程中的各种行为的统称，包括专利输出式经营、专利引进式经营和其他经营三类，目的都是直接产生经济效益。专利资产经营这一概念通常使用狭义来解释，本研究也指向狭义的专利资产经营（谢顺星，2010）[129]。

专利输出式经营是专利权为企业所有而进行的经营活动，主要方式为专利所有权或申请权的转让（专利转让）与专利使用权的转移（专利许可），由此分别获得专利转让费与专利许可使用费。专利引进式经营是利用他人专利来进行经营活动，主要方式为受让转让方专利所有权或申请权与接受许可方专利许可，而后合法使用这些专利技术盈利。除此之外，专利资产经营还包括质押专利权来获得银行贷款、专利作价入股获得股权收入、对专利受让对象的再经营等方式（谢顺星，2010）[129-131]。

专利的应用是专利价值体现的重要方式之一，技术产业化的趋势也表明提升专利应用率的重要性。只有构建以企业为主体、市场为导向、产学研深度融合的技术创新体系，引导科技成果转化，各类主体加强知识产权运用和保护，把更多科技成果应用在经济社会发展主战场，才能打通从科技强到产业强、经济强、国家强的通道。

企业专利从研发/许可到市场的经济转化循环并非呈现完全过渡状态，还会存在以下情况使得企业专利未能被按预期计划开发和应用：在专利有效期内未能通过融资将其产品化；专利在技术层面富有创新性但不符合现阶段企业的发展需求而未被开发；专利包含的技术内容已被知识产权的其他形式商业化；企业专利的数量受到法律条例与行政标准调整的影响等。但是，即使存在以上这些情况，科技型企业的专利转化仍充分从技术创新程度与市场竞争能力方面体现了其专利话语权水平。

从经济学领域看，专利利益大于专利成本是支撑专利制度的有力论据，专利权人通过专利收入在收回成本的基础上投入到企业新一轮的技术研发工作中，确保企业的良性运行（Kesan et al.，2005）。专利收入通常由专利许可与专利使用两方面构成。专利许可费用为发明者将专利权利授予他人使用而获得的收入。专利使用费用为发明者针对使用其专利生产的产品或服务收取的使用费用。专利成本不仅包含直接研发成本，还包含间接社会成本。间接社会成本的主要类型包括：由于专利权人在专利进一步创新中采取的抑制措施，竞争者无法进一步研究而产生的社会成本；企业被风险投资人权衡时的选择成本；由于专利制度和管理部门的调整而带来的后续成本；企业采取诉讼（含交叉许可）方式比授予许可多投入的费用；无法生产替代性产品而使用质量较低的专利技术所带来的竞争成本；发明者为防止侵犯专利权而在研发过程中产生的各项成本等（Kesan，2002）。

4.3 科技型企业专利话语权评价指标处理与量化

在确定科技型企业专利话语权评价指标体系的基础上开展针对性的评价研究，需要对各评价指标的数据处理与量化方法作出明确的标准与规范，确保评价模型的适用性与有效性。下面分别就各评价指标作指标数据处理与量化的具体说明。

（1）有效专利数量指标

为了提高专利的查全率，在专利检索之前，要明确检索对象的具体情况、待检索的科技型企业是否以不同语言形式在多个国家或地区申请专利、是否以关联公司的名称（如所属母公司、旗下子公司等）申请专利。借助 incoPat 专利检索数据库中的辅助查询工具将专利权人的名称情况进行有效合并，然后在 incoPat 专利检索数据库中通过检索整理好的科技型企业专利权人名称以申请人字段进行检索，进而得到企业的有效专利数量。

（2）同族专利指数指标

在 incoPat 专利检索数据库中计算各科技型企业简单同族个数大于 1 的专利的总和，根据专利的简单同族个数对科技型企业专利进行统计，进而得到各企业的同族专利指数。

（3）有效专利质量指标

专利技术独立性指标需要在检索之前先对科技型企业专利权人名称进行合并，然后在 incoPat 专利检索数据库中使用合并后的关键词。专利技术质量指标、专利权人技术强度指标、专利权人平均技术覆盖范围指标、专利行业竞争贡献度指标、专利行业市场覆盖率指标、专利权人科学相关度指标和专利法律效力指标需要在 ORBIS Intellectual Property（全球知识产权数据库，以下简称"ORBIS IP 数据库"）中通过检索企业名称获得相应数据。

（4）专利国际保护范围指标

在具体统计过程中，将国际专利组织（如世界知识产权组织、欧亚专利组织和欧洲专利局等）作为区别于国家和地区的不同组织单独进行统计，将部分地区（如中国香港、中国澳门和中国台湾等）作为单独的地区进行统计。

（5）企业专利引用次数指标

在检索之前先对科技型企业专利权人名称进行合并，然后在 incoPat 专利检索数据库中运用合并后的科技型企业名称以引证申请人字段进行专利检索。

其余各评价指标数据通过 ORBIS IP 数据库和德温特（Derwent）专利数据库检索获得。

在获得科技型企业专利话语权各评价指标数据的基础上，往往还要对这些数据进行进一步的分析。在科技型企业的专利信息中，节点在网络中的重要性能够决定该节点在信息传播过程中的作用力大小。节点的重要程度和影响力通常利用节点中心度来衡量。本研究主要选择点度中心度、中介中心度和接近中心度三个指标测度网络中心性。

在复杂网络中，通常采用聚类系数、网络密度、平均路径长度、度分布等指标来对网络整体特征进行分析。在社交网络及复杂网络中，一般认为具有较小的平均路径长度和较大的聚类系数时，该网络就具有"小世界现象"，称之为"小世界网络"。目前对于社交网络中是否存在小世界现象的研究有"六度分割理论"，即社交网络中的节点通过六个节点即可以与其他任意节点相互产生联系（王又然，2015）。而一般认为具有较小的平均路径长度、较小的聚类系数并且节点的度分布具有幂律分布特征时，则该网络具有无标度网络特征（张方风等，2014）。

4.4　本章小结

本章基于文献调研法对科技型企业专利话语权评价指标进行了筛选，从专利话语权的形成维度对各一级评价指标下的具体指标进行评价结果的相关性分析，在此基础上确定了科技型企业专利话语权评价指标体系，并对指标体系中各细分指标作进一步分析，明确各评价指标数据获取、处理和量化的途径与方法。

第5章　科技型企业专利话语权评价模型

基于科技型企业专利话语权评价理论框架，本章进一步构建了面向科技型企业的专利话语权评价模型，为实践应用提供了有效支撑。本章主要从评价指标确定、评价指标的处理与量化方法设计、评价指标的数据特征分析方法与评价方法设计等方面来确立科技型企业专利话语权评价模型。

5.1　科技型企业专利话语权
评价模型构建思路与原则

话语权的竞争分为时间和公关两个层面。个体在时间认识上的超前把握与公关决策中的资源获取在竞争体制的每一种表现形式中都至关重要，对于竞争体制的整体把握也与这些形式深度关联，具体表现在技术、地域、人才、产业等各个方面。构建科技型企业的专利话语权评价模型是话语权在不同层面上竞争的重要参考，是完善竞争体制的有力促进。

5.1.1　科技型企业专利话语权评价模型构建思路

为了实现对科技型企业专利话语权的评估与量化，

本研究构建了科技型企业专利话语权评价模型。首先，明确各构成要素表征的对象。科技型企业专利话语权评价指标体系中的话语主体指的是科技型企业的专利，本研究的研究对象和数据类型决定着话语内容的侧重点在专利技术，话语媒介和工具上以专利主管部门为主。其次，在文献调研的基础上，结合科技型企业专利话语权的构成要素与形成机制，从引导力、影响力和传播力三个维度出发，筛选合适的评价指标并进行相关性分析。最后，整合评价指标并建立科技型企业专利话语权评价模型，确定各指标的权重。

从指标数量的角度，可以将科学评价划分为单指标评价和多指标评价两种类型。科学评价可以采用单个指标进行评价，如被引频次等单指标，或 H 指数等复合指标；也可以采用多个指标进行评价。受评价需求、评价目的、评价对象等多种因素的影响，选择多指标评价并构建评价指标体系可以对评价对象进行更为全面科学的判断，得到较为准确丰富的评价结果。当然，在选择多指标评价时，评价方法的设计与运用也是需要着重考虑的方面（俞立平，2017）。

5.1.2　科技型企业专利话语权评价模型构建原则

为较为全面准确地反映科技型企业专利话语权的情况，本研究基于以下原则进行科技型企业专利话语权评价模型的构建。

（1）系统性原则

由于持续性创新活动具有全方位、多层次、多结构的特点，因此在筛选和建立科技型企业专利话语权评价指标时，要从总的评价目标出发，逐层分解，建立体系，从不同的侧面体现出科技型企业技术创新活动的全过程，尽可能全面地考虑科技型企业专利话语权的评价细节，做到客观性与公正性、全面性与系统性、权威性和科学性兼具。在宏观上把握指标体系的同时，注重所选指标间的逻辑关联，把握动态与静态两个维度下评价指标在数量、质量、投入、产出、现状、趋势等不同角度的体现，从而反映出评价对象的持续创新质量与价值。

（2）科学性原则

科技型企业专利话语权的评价模型需要在综合评价的基础上反映专利话语权的本质特征：首先，通过多学科多领域的话语权相关理论研究成果提炼出专利话语权的形成机制与评价要素，保证专利话语权评价要素的科学性；其次，在解析出评价要素的基础上，结合既有的专利话语权相关计量指标进行分析与筛选，从而保证下位级指标设计的科学性；再次，在确定评价指标后，合理借助数理统计和信息技术的工具与方法确定评价指标权重，从而保证指标权重的科学性；最后，需要对评价模型进行实证检验，确保科技型企业专利话语权评价体系的科学性。

科技型企业专利话语权的评价并不追求面面俱到，而是尽可能使体系中的指标具有突出的先导性和明确的代表性。在指标设计过程中，协调统一好各评价指标间的关系，以分析评价指标为主，将描述性指标作为补充，在体现评价指标综合性功能的同时完成对科技型企业本质特征的科学规范表达，使关于科技型企业专利话语权方面的评价模型具备科学性。

（3）可比性原则

专利话语权是一个融合传播学领域社会交际性的概念。在科技型企业专利话语权评价体系的设计过程中，受统计来源、计量方式等因素的影响，可能会增加数据处理的难度，导致数据不具有可比性。因此本研究在科技型企业专利话语权评价模型的设计中要确保评价指标与评价结果的可比性，在选取评价指标时，考虑数据标准化后的口径统一性，使评价体系可运行的同时尽可能涵盖不同领域、不同企业的专利技术创新特点。例如，对于不同的话语主体与话语内容应基于相同的传播平台、相同的数据来源、相同的计算方法度量其传播力,通过对专利权人的名称结合与主题分类,减少研究成本与热度、信息不对称等因素对科技型企业专利话语权评价中传播力方面的影响。

(4)导向性原则

科技型企业的核心准则和技术创新的目的都是要实现商业利润的最大化和企业发展的可持续。因此,在选取评价指标时,要牢牢把握科技型企业的特点,涵盖评价对象的形成机制与构成要素,规范化地选取评价指标,建立可以指导与判断企业专利技术创新发展情况的导向性评价模型。

(5)可操作性原则

科技型企业专利话语权的评价模型应具有实际运用与重复操作的可行性,真实地在评估科技型企业专利话语权方面发挥作用。因此,在选择科技型专利话语权评价指标时,需要考虑数据获取的难易程度、数据来源的可靠性、数据平台的权威性、数据资源的可统计性、计算方法的可实现性等多方面的问题,达到数据指标的独立性与客观性和评价模型可操作性间的相对平衡。在选择评价指标的计算方法和统计工具时,应当遵循明确、适用、可行的原则,保证科技型企业专利话语权评价指标数据与体系设计的科学性。例如,本研究中通过 Python 的 Pandas、Re、NLTK等第三方库对原始指标数据进行加工清洗,并运用 Numpy 和 Pyecharts 分别计算评价结果和对评价结果可视化,尽可能地保证了评价结果的可量化性与模型操作的可行性。

(6)通用性和发展性相结合原则

不同行业的科技型企业既存在共性,也带有领域类别的特性。因此,在选取评价指标时,不仅要考虑能够代表科技型企业专利话语权整体共性的通用性指标,也要设计可以兼容行业领域差异的灵活性、调整性、机动性指标,使得构建的评价模型同时具备通用性与发展性。本研究中的部分数据由于条件限制暂时无法获取，但并不影响机动指标存在于专利话语权评价模型中，从而尽可能使评价体系和评价模型合理、科学、规范。

5.2　科技型企业专利话语权评价方法设计

在对科技型企业专利话语权评价指标进行处理与量化以后，需要结合实例对评价指标的数据特征进行分析。本研究对科技型企业专利话语权评价指标的数据特征分析中采用了描述性统计等方法，使用的软件工具主要有 SPSS、Excel、MATLAB、Gephi、Ucinet、Python 等。

通过对科技型企业专利话语权评价指标的数据特征分析，一方面能够深刻理解测度指标内部、外部间关系的强弱和影响，从而进一步完善评价指标体系，指导评价实证的开展；另一方面也能促进对科技型企业专利话语权形成过程与运作机制的深刻理解，从而为提升科技型企业的专利话语权提供参考。

科技型企业专利话语权评价指标主要通过单指标分析获取数据特征，然后再集合起来对科技型企业专利话语权进行评价。本研究主要运用了熵权法和灰色关联度分析法对科技型企业专利话语权进行了评价，争取能够在更加科学合理地评价科技型企业专利话语权基础上提供更丰富的决策信息。

5.2.1　基于熵权法的科技型企业专利话语权引导力评价

在专利话语权引导力评价中包含有效专利质量这一指标。由前面提出的评价指标体系中可知，有效专利质量这一指标包含 8 项细分指标，这些细分指标的数据单位并不统一。因此，需要先将其标准化后使用熵权法计算各项细分指标的合理权重，其计算公式如下：

$$C_t = \sum_{i=1}^{n} ZX_i \cdot W_i \qquad (5-1)$$

在公式 5-1 中，C_t 表示 t 年度有效专利质量，ZX_i 表示第 i 个经过标准化处理的指标，W_j 表示熵权法赋予第 j 个指标的权重，m 表示数值，α_j 表示指标 j 的相关效用乘数，P_{ij} 为第 j 个指标下第 i 个项目指标值的权重，Z_{ij} 为标准化处理后的矩阵值。数据标准化后得到矩阵 ZX：$ZX = (z_{ij})_{n \times m}$，使用熵权法可以确定的 j 指标的相关效用乘数为公式 5-2，其中 $n = 8$。

$$\alpha_j = 1 + (\ln n)^{-1} \sum_{i=1}^{n} P_{ij} \ln P_{ij} \qquad (5-2)$$

式中，

$$P_{ij} = \frac{Z_{ij}}{\sum_{i=1}^{n} Z_{ij}} \qquad (5-3)$$

则赋予 j 指标的权重为：

$$W_j = \frac{\alpha}{\sum_{j=1}^{m} \alpha_j} \qquad (5-4)$$

5.2.2 基于灰色关联度分析法的科技型企业专利话语权综合评价

面对评价模型中的众多指标，完成综合评价需要确定各评价指标的权重。通常选用的方法可以归纳为三大类：主观赋权法、客观赋权法、组合赋权法。主观赋权法的特点是理论依据较为薄弱，主要依靠专家的主观判断与认知水平，专家的能力直接影响着权重赋值的准确性与客观性。当前，与科技型企业专利话语权评价研究直接相关的学者较少，难以组成合适的评价专家组，无法采用主观赋权法。在综合判断之后，本研究选用客观赋权法中的灰色关联度分析法来对科技型企业专利话语权评价体系内各项指标的权重进行计算。

邓聚龙教授（Deng，1982）基于灰色系统理论（灰色系统是指同时包含已知信息和未知信息的系统），进一步设计出用于衡量各因素间关联程度的灰色关联度分析法。这一赋权方法适用于样本数据量较少、评价信息不明确的情况，具有计算简洁清晰、样本需求较小等特点（虞晓芬等，2004）。灰色关联度分析法适用于本评价模型指标权重的确定。本研究中使用灰色关联度分析法确定权重的具体步骤如下（谭学瑞等，1995；王俊，2007）。

（1）比较数列和参考数列的确定

首先，将每一家企业的各评价指标数据形成一个比较数列 X，假设研究中共有 m 家企业，n 项评价指标，则

$$x_i = (x_i(1), x_i(2), \cdots, x_i(n)) \qquad (i = 1, 2, \cdots, m) \quad (5-5)$$

随后，取各项评价指标的最优值形成参考数列 Y，即：

$$Y = (y(1), y(2), \cdots, y(n)) \qquad (5-6)$$

（2）无量纲化处理参考数列和比较数列

为便于后续研究中对数据的进一步分析和比较，需要在进行灰色关联度分析的过程中对数据进行无量纲化处理。

（3）对参考数列与比较数列的灰色关联度系数 $\xi_i(k)$ 进行计算

$$\xi_i(k) = \frac{\min\limits_{i}\min\limits_{k} |y(k) - x_i(k)| + \rho \max\limits_{i}\max\limits_{k} |y(k) - x_i(k)|}{|y(k) - x_i(k)| + \rho \max\limits_{i}\max\limits_{k} |y(k) - x_i(k)|}$$

$$(5-7)$$

其中 $k = 1, 2, \cdots, n$；ρ 为分辨系数，$0 < \rho < 1$，通常取 $\rho = 0.5$。

（4）计算关联度 r_k

$$r_k = \frac{1}{m} \sum_{i=1}^{m} \xi_i(k) \qquad (k = 1, 2, \cdots, n) \qquad (5-8)$$

（5）计算指标权重 w_k

$$w_k = \frac{r_k}{\sum\limits_{k=1}^{n} r_k} \qquad (k = 1, 2, \cdots, n) \qquad (5-9)$$

5.2.3 基于相关分析和多元回归的科技型企业专利话语权评价结果分析

统计关系分为相关关系和回归关系，二者既有区别，又有联系。本研究采用相关分析和多元回归分析就是为了测度科技型企业专利话语权评价指标内部、外部间的关系强弱，从而深刻理解指标内涵、特征以及科技型企业专利话语权形成机制，为提升科技型企业专利话语权提供参考。

（1）基于相关分析的科技型企业专利话语权评价指标关系分析

采用相关分析的指标不分主次，处于同等地位。相关系数 r 能够以定量的方式准确描述指标间的线性相关程度，如果两个指标的变化趋势同向，则称之为正线性相关；反之，称为负线性相关。r 取值范围为 $[-1, 1]$，正负值表示指标间的线性相关方向，正值为正相关，负值为负相关，零值为不相关。r 的绝对值表示指标间的线性相关的密切程度，r 的绝对值越接近于 1，则密切程度越高；反之，密切程度越低。

常用的相关系数分析方法主要包括皮尔逊（Pearson）分析、斯皮尔曼（Spearman）分析和肯德尔（Kendall）分析。其中，皮尔逊分析适用于正态分布的指标数值，而斯皮尔曼分析适用于非正态分布的指标数值。本研究主要使用斯皮尔曼分析方法。

（2）基于多元回归分析的科技型企业专利话语权评价指标关系分析

在对科技型企业专利话语权评价指标进行多元回归时，主要按照以下步骤建立回归模型：①提出问题，设计指标；②采集数据、处理数据；③绘制散点图、确定构造回归模型；④估计模型参数；⑤统计检验和实际意义检验回归模型参数；⑥应用回归模型[结构分析（找出主要因素）、变量控制（改进）和变量预测]。

　　回归分析是探求客观事物间的数量关系的一种统计方法。一般因变量（被解释变量）只有一个，自变量（又叫解释变量，引起或影响因变量变化的现象）可以为多个，因变量与自变量间存在因果关系。自变量为两个及以上个数时的线性回归被称为多元线性回归。多元回归的数学模型（武松等，2014）为：

$$y = \beta_0 + \beta_1 x_1 + \beta_2 x_2 + \cdots + \beta_p x_p + \varepsilon \qquad (5-10)$$

　　其中，y 是因变量；x_1，x_2，$\cdots$，x_p 是 p 个可控可测量的自变量；ε 为残差，用来判定模型是否成立、是否可引入其他变量等问题；β_0 为回归常数，β_1，β_2，$\cdots$，β_p 为回归系数。回归系数表示当其他自变量不变时，某一个自变量改变一个单位时，其对因变量产生的影响程度。为了简化多元回归表示形式，也可以用矩阵形式来表示：

$$Y = (y_1, y_2, \cdots, y_n)^{\mathrm{T}} \quad \beta = (\beta_0, \beta_1, \beta_2, \cdots, \beta_p)^{\mathrm{T}}$$

$$\varepsilon = (\varepsilon_1, \varepsilon_2, \cdots, \varepsilon_n)^{\mathrm{T}}$$

$$X = \begin{bmatrix} 1 & x_{11} & \cdots & x_{1p} \\ 1 & x_{21} & \cdots & x_{2p} \\ \vdots & \vdots & \ddots & \vdots \\ 1 & x_{n1} & \cdots & x_{np} \end{bmatrix} \qquad (5-11)$$

　　模型用矩阵表示为：$y = X\beta + \varepsilon$，其中 X 是 $n \times (p+1)$ 矩阵。通常情况下，我们使用复相关系数（R）、决定系数（R_2）和调整决定系数来衡量多元回归模型的优劣。其中，R 取值范围为 $[0, 1]$，R 值越大，表示指标线性回归关系越密切；R_2 是衡量模型优劣的重要指标。

5.3　科技型企业专利话语权评价模型确立

　　基于科技型企业专利话语权评价理论框架，本章对二级评

价指标、评价指标的处理与量化方法、评价指标的特征分析与
评价方法进行了设计，确立了科技型企业专利话语权评价模
型，如图 5 – 1 所示。

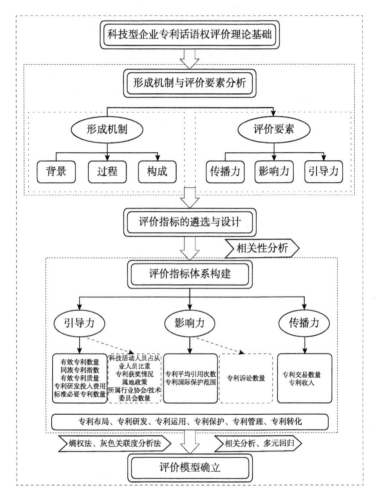

图 5 – 1　科技型企业专利话语权评价模型

具体而言，本研究贯穿信息传播、评价科学等理论，在对科技型企业专利话语权产生机制、构成要素的基础上构建了科技型企业专利话语权评价框架，结合文献调研与评价指标的设计原则确立了二级指标，在此基础上设计了多方法融合的科技型企业专利话语权评价方法，基于熵权法和灰色关联度分析法确定评价模型。

本研究在遵循科学评价流程与指标体系设计原则的基础上尝试设计了科技型企业专利话语权评价模型。任何评价活动中都不存在绝对科学合理的评价体系，只存在相对科学合理的评价体系。构建的评价体系也不是万能通用的，只存在一般方法和模式。本研究构建的科技型企业专利话语权评价模型符合"具体—抽象—具体"的辩证逻辑过程，是对科技型企业专利话语权基本问题的逐渐深化、系统化的过程。由于目前还没有对科技型企业专利话语权评价的相关研究，评价模型构建难度较高，评价指标选取尚不完善，因此本研究构建的评价模型也不是一成不变的，需要根据具体需求实时调整和修正，这也是机动指标设置的意义所在。

5.4　本章小结

本章通过评价模型构建思路的确定和评价指标权重计算方法的设计确立了科技型企业专利话语权评价框架。科技型企业专利话语权评价研究依托于情报学、评价学、经济学、政治学、法学、新闻传播学、统计学、科学学和计算机科学等学科，立足于经济结构调整、企业资源分配、科技政策制定、知识管理与服务等方面的现实需求，在紧迫性与必要性并存的环境下展开研究。

本研究从构建科技型企业专利话语权评价体系的现实需求出

发，遵循"继承与创新"相结合的原则，以专利话语权的评价科学研究为起点，系统考察构建科技型企业专利话语权评价体系的现实需求与问题，构建出评价指标体系和评价模型。

本研究结合评价科学以及专利分析的相关理论与方法，针对复杂多态的数据来源、数据类型及数据特征，构建了科学合理的评价科学理论框架与指标体系，补充和完善了学科领域内对专利话语权的计量与分析，丰富和拓宽了现有的话语权评价理论与研究方法，实现了对传统评价科学的指标拓展和体系重构，有助于评价科学理论的进一步完善与拓新。

第6章 科技型企业专利话语权
综合评价实证分析
——以通信企业为例

依据科技型企业专利话语权评价模型的设计，本章首先基于灰色关联度分析法对通信企业专利话语权进行综合评价，其次基于社会网络分析方法、相关性分析与回归分析等方法对评价结果进行分析讨论。

基于上一章构建的科技型企业专利话语权评价模型，本章以通信企业为例，对科技型企业专利话语权评价指标进行了处理和量化，并采用统计分析方法和相关分析方法对指标特征进行了分析。本章的研究一方面有助于深刻理解测度指标内部、外部间关系的强弱与影响，从而进一步完善评价指标体系，指导评价实证的开展；另一方面也有助于深刻理解科技型企业专利话语权形成过程与运作机制，从而为科技型企业特别是通信行业科技型企业专利工作的开展提供参考。

企业申请专利的强度会根据所处行业的不同产生较大的差异。虽然科技型企业整体的技术占比远超其他类型的企业，但不同技术领域的科技型企业的专利申请情况也不相同。通信行业作为近年来发展迅速的科技行业，其技术竞争的激烈性导致企业间在专利布局方面的博弈，专利申请数量非常多。为排除研究过程中科技型企业所处行业的差异对评价结果的影响，同时尽可能多地获取专利数据，本研究选择通信企业作为研究对象进行科技型企业专利话语权评价的实证研究。

6.1 数据获取与预处理

信息通信技术（ICT）产业的技术赶超现象十分突出。是否能够通过企业的独立核心技术研发设计新产品并借此创造源源不断的价值回报，是通信企业专利话语权的重要衡量因素（方曙，2007）。随着科技产业中技术标准的广泛推广，科技型企业也努力将自身专利嵌入技术标准以谋求更大的利益。以通信行业来说，技术标准被作为行业的技术基础，规范和引导着通信领域科学技术的发展方向。与此同时，与相关产业紧密相连的科学研究也将专利作为科技型企业技术能力评价的代理变量（Hu，2008）。

基于在通信行业领域内技术标准中专利含量远超其他行业的现状，运用专利信息来判断、评估、研究科技型企业的话语权具有适用性。标准必要专利数量是专利话语权争夺的关键战略资源与重要组成部分，通信行业的企业也不例外。在争夺专利话语权和推行技术赶超战略时，重点关注所持有的标准必要专利数量，这是衡量科技型企业专利话语权与技术创新能力的重要体现（张俊艳等，2018）。许多学者已经使用标准必要专利数量这一指标作为技术标准化动态过程的分析依据开展了实证研究（Rysman，2005；Layne-Farrar，2011；Bekkers，2015；Baron，2016）。

6.1.1 数据来源

本研究的企业资源基础数据来源为财富中文网、《财富》杂

志官网与《商业周刊》。通过《财富》杂志各榜单，既可以进行
纵向年份和横向行业比较，也可以从生产效率、净资产收益率、
销售收益率等综合计算后的排名中了解企业的经营质量，这些榜
单是衡量全球企业最著名、最权威的榜单。《商业周刊》是全球
销量第一的商业杂志，提供深入独到的见解和细致详尽的信息，
以洞见和趣味服务于以新商业领袖为主的全球化新经济时代。与
《财富》相较之下，《商业周刊》更注重企业的发展前景和市场
表现。

　　本研究的专利数据来源于 ORBIS IP 数据库、incoPat 专利检
索数据库和德温特专利数据库。ORBIS IP 数据库将全球范围的
专利数据与企业数据相结合，将 1.1 亿条专利申请人数据与
Bureau van Dijk 的 2.8 亿家公司的信息打通，打造包含公司信息
及其集团专利组合的更广泛详细的数据视角。所有实时专利都包
含所有权更迭信息，更有针对性地评估新技术的趋势和商业吸引
力。与此同时，ORBIS IP 数据库支持对于特定部门或行业的交
易的识别和分析，能确定标准必要专利，以便筛选企业投资组合
中的高质量专利，或通过搜索快速锁定拥有"基础技术"专利
的企业。此外，ORBIS IP 数据库可以为所有授权的实时专利提
供投资组合和专利评估，并跟踪估值趋势。incoPat 专利检索数
据库支持 295 个字段的信息检索，涵盖超过 1.3 亿件专利。德温
特专利数据库中最早的专利文献可追溯至 1963 年，具有涵盖范
围广、专利时效强、统计方法科学、提供专利引文索引、支持高
级检索等特点。该数据库收录了来自世界 47 个专利主管部门和
100 多个国家、地区的发明专利，累计数量 2000 多万件，实行每
周更新的政策。该数据库包含将每一组同族专利整理为一条记录
的服务，并使用德温特分类号和德温特手工分类号通过重新拟定
专利标题来对专利主题与专利技术进行归纳，便于科研工作者的
后续深入研究。该数据库的两个子库——世界专利索引数据库和

专利引文索引数据库，可用于统计同族专利的被引用次数、引用的专利文献、引用的科学文献等，有助于科研工作者基于引文分析法深入研究专利技术路径。同时，数据库支持基本查询、被引参考文献查询和高级查询等多种查询方式。在高级查询板块，用户可使用逻辑运算符、模糊查询等多种方法设计检索式，以便于检索到与研究目的相匹配的数据对象与数据信息。

6.1.2 样本选择

本研究通过世界知识产权组织统计数据库和全球专利统计数据库 PATSTAT，来综合对比全球技术领域已公开专利申请数量和主要专利申请人技术领域分布（根据同族专利统计），确定专利数量较多的技术领域主要集中在电气、通信和计算机等板块，便于后续研究中确保企业样本采集的科学性。

由于申请和公开的延迟，就获得的 2018 年完整数据来看（详细数据见附录 1），计算机技术领域的专利申请最为频繁，共有 234667 项公开申请，其次是电器机械、设备与能源（215828 项）、测量（164255 项）、医疗技术（147542 项）和数字通信（146416 项）。这五个领域 2018 年的专利申请数量合计占当年全球所有已发布申请的 28.4%。2016~2018 年，排在前十位的专利申请领域和所对应国家的组合分别是：计算机技术（中国）、计算机技术（美国）、电力机械（日本）、电力机械（韩国）、交通运输（法国）、交通运输（德国）、药品（瑞士）、药品（英国）、医疗技术（荷兰）和食品化学（俄罗斯）。另外，2018 年在中等收入大国中，印度和墨西哥更加重视药品方面的专利申请，分别占已公布申请总数的 18.1% 和 9.9%；巴西的重点专利申请领域为其他特殊机器，占比 7.2%；马来西亚关注计算机技术方面的专利，占比 7.4%；泰国在光学领域的专利申请数量最多，占比 15.9%；土耳其在运输领域的专利申请数量占有优势，占比 8.4%。

近年来，我国的通信行业也在蓬勃发展，涌现了一批具有代表性和国际竞争力的通信企业，在创设良好的行业发展环境、加快技术引进与技术创新的融合等方面成绩显著。受新冠肺炎疫情影响，2020 年的企业榜单较前几年有较大变化，为了更全面客观地选择评价数据，将综合近三年的企业数据进行综合比对。

通过梳理国内外相关文献发现，关于"通信企业"的定义并不一致。在检索过程中，使用了"communication company""communication business"等一系列检索词以保证检全率。美国通信行业协会（TIA）认为通信企业包含信息和通信技术的制造商、网络运营商、供应商、分销商、系统集成商和服务支持者等。查阅中文相关文献时，使用了"通讯企业""通信企业""通信公司""电信公司""电信企业""通讯业""通信业"等关键词进行检索。《社会经济统计辞典》中将通信企业分为提供某种通信服务的专业化企业、提供若干种通信服务的联合企业和通信线路服务企业三类，例如，邮政局、电报局等属于专业化通信企业，城市邮电局、地区邮电局等属于联合性通信企业，通信技术设备器材中心、邮件转送站等属于通信线路服务企业（纳扎罗夫等，1988）。《交通大辞典》将通信企业定义为实行独立经济核算的以公共通信业务为主的经济性组织（交通大辞典编辑委员会，2005）。综合国内外文献中对"通信企业"的相关定义发现，国内外定义的主要差异在于是否强调对通信服务的侧重。我国早期的相关定义受经济环境的影响范围相对狭窄，主要包含邮政通信企业与电信通信企业两大类。随着我国社会的逐步发展和更加频繁的国际交流，目前通信企业的定义相比之下范围更加广泛。

基于相关研究中的多种定义并结合研究目的，本研究中将通信企业定义为存在于电信通信产业链各个环节的为用户的通信服务提供软硬件支持的所有经济性组织。按照各榜单的行业分布，结合专利数量密集的技术领域，在《财富》榜单中的能源、金融、汽车、信息技术（IT）、零售、房地产、建筑、金属、航空航天、食品、医疗、通信、保险、运输等行业分类中，选择信息通信技术产业的企业名单。在《商业周刊》榜单中的石油和天然气、科技、消费服务、金融、医疗保健、电信、公共事业、工业、基础材料等行业分类中，选择科技和电信行业的企业名单。在此基础上，参考 Juniper❶ 和 Statista❷ 上通信行业相关企业数据，筛选出符合条件的企业样本如表 6 - 1 所示（参考数据见附录 12）。

表 6 - 1　通信行业样本企业名称及类型

代号	类型	企业名称
TE1	电信运营商	特许通讯公司（Charter Communications）
TE2	电信运营商	德国电信（Deutsche Telekom AG）
TE3	电信运营商	日本 KDDI 电信公司（KDDI）
TE4	电信运营商	英国电信集团公司（BT Group）
TE5	网络设备制造商/系统集成服务商/终端制造商	中兴通讯股份有限公司（ZTE Corporation）
TE6	电信运营商	威瑞森电信（Verizon Communications）
TE7	电信运营商	美国康卡斯特电信公司（Comcast）
TE8	电信运营商	中国电信集团有限公司（China Telecommunications）
TE9	电信运营商	美国电话电报公司（AT&T）
TE10	电信运营商	日本电报电话公司（Nippon Telegraph And Telephone）

---

❶ JUNIPER RESEARCH，网址：https：//www. juniperresearch. com/home。
❷ Statista，网址：https：//www. statista. com/markets/。

续表

代号	类型	企业名称
TE11	电信运营商	中国移动通信集团有限公司（China Mobile Communications）
TE12	电信运营商	软银集团（Softbank Group）
TE13	电信运营商	沃达丰集团（Vodafone Group）
TE14	电信运营商	西班牙电话公司（Telefónica）
TE15	电信运营商	Orange 公司（Orange）
TE16	电信运营商	中国联合网络通信股份有限公司（China United Network Communications）
TE17	系统集成服务商	思科系统公司（Cisco Systems）❶
TE18	系统集成服务商	国际商业机器公司（International Business Machines）
TE19	网络设备制造商/系统集成服务商/终端制造商	华为投资控股有限公司（Huawei Investment & Holding）
TE20	网络设备制造商/终端制造商	和硕联合科技股份有限公司（Pegatron）❷
TE21	系统集成服务商	埃森哲（Accenture）
TE22	网络设备制造商/系统集成服务商/终端制造商	富士通（Fujitsu）
TE23	终端制造商/芯片厂商/系统集成服务商	中国电子信息产业集团有限公司（China Electronics）
TE24	网络设备制造商/终端制造商	诺基亚公司（Nokia Corporation）

---

❶ 以下简称"思科"。
❷ 以下简称"和硕"。

续表

代号	类型	企业名称
TE25	终端制造商/芯片厂商/系统集成服务商	日本电气公司（NEC）❶
TE26	网络设备制造商	爱立信公司（Ericsson）
TE27	芯片厂商	高通公司（Qualcomm）
TE28	光纤光缆制造商	康宁公司（Corning）
TE29	网络设备制造商/终端制造商	摩托罗拉（Motorola Solutions）
TE30	系统集成服务商/网络设备制造商	瞻博网络（Juniper Networks）
TE31	网络设备制造商/光纤光缆制造商	Ciena 科技（Ciena Corporation）
TE32	网络设备制造商/光纤光缆制造商	烽火通信科技股份有限公司（FiberHome Telecommunication Technologies）

在进行实证分析前，需要先了解通信企业的主要特征，便于结合其特征更深入地分析实证结果。通信企业的特点主要包括技术创新持续性、知识技术导向性、业务体系综合性和高风险性等。通信行业的激烈市场竞争与通信技术的飞速更新换代决定了通信企业巩固市场优势的关键在于持续性地技术创新，避免被市场淘汰。当前的通信企业业务涵盖通信行业领域产业链的各个环节，满足不同类型客户在产品和服务方面的多样化需求。通信行业的高回报与高成长也需要高投入，比如通信企业的初始研发阶段、研发试验阶段、产品反馈阶段等都需要大量资金的支持，因为通信企业生产经营的各个环节都存在着失败的风险。

---

❶ 以下简称"NEC"。

6.1.3　数据采集与预处理

在德温特专利数据库中，每位专利权人都有专利权人代码，分为 ABCD、ABC – N、ABC – I 和 ABCD – R 四种，如表 6 – 2 所示。

表 6 – 2　德温特专利数据库专利权人代码表示方式

时间阶段	适用范围	专利权人代码格式
1970 年以前	所有公司与个人	ABCD
1970 ~ 1974 年 第三周	标准公司与 1970 年以前的所有公司	ABCD
	全部非标准公司	ABC – N
	个人	ABC – I
1974 年 第三周以后	标准公司与 1970 年以前的所有公司	ABCD
	非标准公司（俄罗斯及苏联公司除外）	ABC – N
	1975 年第 17 周后俄罗斯（苏联）非标准公司	ABCD – R
	个人	ABC – I

资料来源：刘秋宏（2013）。

具体来说，"标准公司"是指在德温特专利数据库中的专利超过 1000 件的公司，这些公司被分配了唯一的四字代码，且母子公司代码一致，属于标准代码（ABCD）。"非标准公司"由于专利申请量不大，代码并不统一且存在重复的可能性，即并不相关的两个公司可能拥有一致的专利权人代码。

为了确保实证过程中数据的科学性与准确性，需要先对数据进行预处理。首先，确定实证研究中的专利数据都在 1974 年第三周以后，并删除了专利权人为个人的专利数据，因为其不符合科技型企业专利权人这一标准。其次，将样本企业中属于标准公司的企业使用专利权人代码指代，防止漏查大型企业中的子公司。再次，将样本企业中的非标准公司使用企业专利权人的全称指代，避免了非标准代码重复的情况。最后，在统计样本企业中非标准公司的专利权人全称时发现，存在非标准公司全称书写不统一、非标准公司与某些标准公司存在从属关系等多种情况，因此，在数据预处理过程中，借助百度、谷歌、必应等检索工具对德温特专利数据库专利权人的情况进行对照，手工清洗了部分数据。

6.2 通信企业专利话语权评价指标特征分析

根据本研究构建的科技型企业专利话语权评价指标体系，收集和计算通信企业的对应指标数据，详见附录 2～7。

6.2.1 通信企业专利话语权引导力评价指标特征分析

（1）有效专利数量指标数据获取与分析

在 incoPat 专利检索数据库中将样本企业名称输入申请人字段中进行检索。所选样本企业可能存在企业专利在多个国家或地区的专利主管部门申请、申请专利时使用多种语言形式表示企业名称、以存在从属关系的母子公司的名义申请专利等多种情形。为了提高样本企业专利的查全率，通过将德温特专利数据库中数据预处理的结果和 incoPat 专利检索数据库中申请人辅助查询工具的处理结果进行合并对比后再进行检索。统计检索结果的数量，并在 ORBIS IP 数据库中进行验证，即可得到各样本企业的专利数量。

样本企业的专利申请量变化趋势反映了企业在研发方面的活力。本研究所选取的 32 家样本企业类型各异，分属通信领域的多个细分子行业，涉及不同的技术类型。为了更加科学地比较分析各样本企业的专利数据，图6-1依据样本企业在通信产业链条中所处的环节将企业按照不同类别加以呈现，体现样本企业2010~2019年专利申请数量的变化情况与发展趋势。

第一类企业是电信运营商，包含美国电话电报公司（以下简称"AT&T"）、中国移动通信集团有限公司（以下简称"中国移动"）、威瑞森电信、日本电报电话公司（以下简称"NTT"）、德国电信、美国康卡斯特电信公司（以下简称"康卡斯特"）、软银集团、西班牙电话公司、中国电信集团有限公司（以下简称"中国电信"）、沃达丰集团、日本KDDI电信公司（以下简称"KDDI"）、Orange公司、中国联合网络通信股份有限公司（以下简称"中国联通"）、英国电信集团公司（以下简称"英国电信"）和特许通讯公司（以下简称"CHTR"）共15家企业。横向比较来看，电信运营商类企业的平均专利申请量为6553.4项，在所有类别的通信企业中专利申请最不活跃。专利申请总量最多的是申请了30474项专利的NTT；其次是中国移动，申请数量为18083项。从发展趋势来看，2018年是一个明显的拐点，作为例外，CHTR和中国联通的专利申请情况基本呈现持续上升的发展趋势。

第二类企业是通信设备制造商，包含8家企业。横向比较来看，通信设备制造商类企业的平均专利申请量为49591项，在所有类别的通信企业中专利申请最为活跃。华为投资控股有限公司（以下简称"华为"）和中兴通讯股份有限公司（以下简称"中兴通讯"）从专利申请情况来看表现最为突出，专利申请数量分别为203561项和121470项，远超其他同类企业，表明我国的通信企业尤其重视专利布局。瞻博网络的专利申请总量最少，仅4784项，与公司的规模也有关联。在发展趋势方面，2018年同样是一个明显的拐点，总体上呈现专利申请量稳中有升的趋势。但是，诺基亚公司、摩托罗拉和爱立信公司这三家企业在近年来的企业转型中不太顺利，业绩受到影响，在通信设备制造商类企业中的位置有所下滑，专利申请量也呈现持续下降的趋势。

第三类企业是技术服务商，包含 4 家企业。横向比较来看，技术服务商类企业的平均专利申请量为 90172.75 项，在所有类别的通信企业中专利申请较为活跃，活跃情况仅次于第二类企业。国际商业机器公司（以下简称"IBM"）2010～2019 年共申请了 157604 项专利，在该类别企业中专利申请总量最多，直接提升了技术服务商类企业的平均专利申请量。相比之下，埃森哲的专利申请量最少，只有 7145 项。在发展趋势方面，2018 年同样出现了拐点，除了 IBM 持续保持上升趋势外，其他企业均呈现不同程度的持续下降趋势。

第四类企业是器件生产商，包含 5 家企业。横向比较来看，器件生产商类企业的平均专利申请量为 46442.6 项，在所有类别的通信企业中表现平稳。在专利申请总量方面，高通公司的专利申请总量远超其他企业，共 176681 项，是排在第二位的企业中国电子信息产业集团有限公司（以下简称"中国电子"）专利申请总量的 7 倍以上，在该类别企业中表现突出。Ciena 科技共申请了 1406 项专利，在该类别企业中申请总量最少。从发展趋势来看，拐点依旧出现在了 2018 年。高通公司作为全球智能手机芯片供应商的代表，受博通公司的恶意收购和与苹果公司的专利纠纷等方面的影响，专利申请量在 2017 年后开始逐渐下降，开始寻求更为丰富的企业发展路径。康宁公司在光通信领域市场地位显著，业务范围涵盖特殊玻璃、陶瓷材料、光纤光缆等多个领域通信产品关键零件的生产与加工，其专利发展趋势非常平稳。其他从事光网络器件生产的 Ciena 科技、中国电子和烽火通信科技股份有限公司（以下简称"烽火通信"）也呈现持续上升的发展趋势。

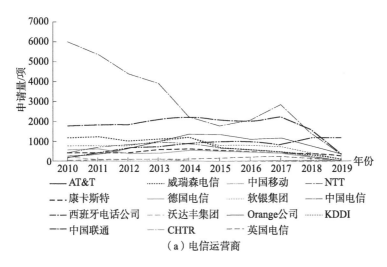

（a）电信运营商

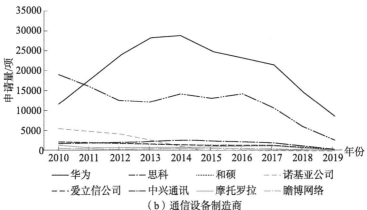

（b）通信设备制造商

图 6 - 1　通信企业 2010 ~ 2019 年专利申请量变化

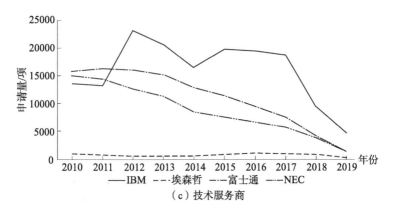

（c）技术服务商

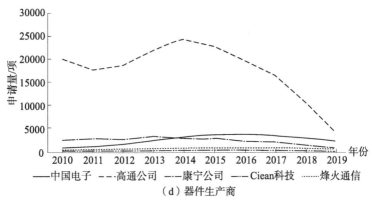

（d）器件生产商

图 6 -1 通信企业 2010 ~ 2019 年专利申请量变化（续）

综上，从企业专利发展趋势的视角出发，最大的共同点在于
2018 年出现了通信行业的市场拐点。在 2018 年前后，绝大部分
通信企业都出现了专利申请量的下降，可能与 5G 技术的快速发
展相关。5G 技术作为颠覆性的创新技术，从技术研发到技术试
验再到产品研发和产品试验，走过了艰辛且竞争激烈的科研历
程，特别是投入商用与民用的探索大大增加了通信企业的竞争压
力。通信企业面对颠覆性技术前所未有的冲击，需要面对企业转

型、研发投入、市场占领、创新升级等多方面的问题。总体而言，技术服务类企业和通信设备制造类企业表现持续性活跃，器件生产类企业发展平稳，电信运营类企业近年来压力增大、表现疲软。

（2）基于熵权法的有效专利质量指标数据获取与分析

在科技型企业专利话语权引导力评价中包含有效专利质量这一指标。有效专利质量这一指标包含8项细分指标，这些细分指标的数据单位并不统一，因此，需要先将其标准化后使用熵权法计算各项细分指标的合理权重，其计算公式如下：

$$C_t = \sum_{i=1}^{n} ZX_i \cdot W_i \qquad (6-1)$$

在6-1公式中，C_t表示t年度有效专利质量，ZX_i表示第i个经过标准化处理的指标，W_i表示熵权法赋予第i个指标的权重。为方便研究中对指标数据和计算结果的分析，将有效专利质量及其各细分指标（技术独立性指标、专利技术质量指标、专利权人技术强度指标、专利权人平均技术覆盖范围指标、专利行业竞争贡献度指标、专利行业市场覆盖率指标、专利权人科学相关度指标和专利法律效力指标）分别用PQ及PQ1~PQ8来代表。首先确定8项细分指标的最值，如表6-3所示。

表6-3 有效专利质量各细分指标数据最值

最值	PQ1	PQ2	PQ3	PQ4	PQ5	PQ6	PQ7	PQ8
最大值	0.20190892590732	48.5	76.4	86.9	97.6	26.5	11.7	52.1
最小值	0.0064102564102564	38.2	68.4	79.9	44.0	14.4	7.6	41.9

在获取各细分指标数据的最值之后，将8项指标的具体数据进行标准化转换，局部如表6-4所示。

表 6 - 4   用于熵权法的标准化数据（局部）

代号	PQ1	PQ2	PQ3	PQ4	PQ5	PQ6	PQ7	PQ8
TE1	0.261606	0.320388	0.4	0.857143	0.41791	0.190083	0.341463	0.176471
TE2	0.161409	0.019417	0.0625	0.871429	0.059701	0.553719	0.243902	0
TE3	0.308711	0.679612	0.45	0.671429	0.875	0.338843	0.560976	0.205882
TE4	0.029459	0.679612	0.45	0.671429	0.875	0.338843	0.560976	0.205882
TE5	0.8307	0.679612	0.45	0.671429	0.875	0.338843	0.560976	0.205882
……	……	……	……	……	……	……	……	……
TE28	0.543164	0.349515	0.6375	0	0.277985	0.396694	0.219512	0.431373
TE29	0.131878	1	0.8875	0.628571	0.938433	0.636364	0.414634	0.882353
TE30	0.299213	0.883495	0.65	0.642857	0.95709	0.826446	0.341463	0.480392
TE31	0.173762	0.320388	0.375	0.571429	0.335821	0.380165	0.390244	0.294118
TE32	0.6314	0.883495	0.65	0.642857	0.95709	0.826446	0.341463	0.480392

进而得到标准化处理之后的矩阵 ZX：$ZX = (z_{ij}) n \times m$，根据熵权法的步骤可以确定 j 指标的相关效用乘数为公式 6 - 2，其中 $n = 8$。

$$\alpha_j = 1 + (\ln n)^{-1} \sum_{i=1}^{n} P_{ij} \ln P_{ij} \qquad (6 - 2)$$

式中，

$$P_{ij} = \frac{Z_{ij}}{\sum\limits_{i=1}^{n} Z_{ij}} \qquad (6 - 3)$$

则赋予 j 指标的权重为：

$$W_j = \frac{\alpha}{\sum\limits_{j=1}^{m} \alpha_j} \qquad (6 - 4)$$

建立数据比重矩阵之后，进一步计算指标总和与指标占比，在获得信息熵值后，转换数组形式，得到 PQ1～PQ8 各项指标的指标权重，如表 6-5（局部）、表 6-6 所示。

表 6-5　各通信企业 PQ1～PQ8 指标占比（局部）

代号	PQ1	PQ2	PQ3	PQ4	PQ5	PQ6	PQ7	PQ8
TE1	0.004676	0.002289	0.003677	0.005861	0.002641	0.001777	0.00352	0.002501
TE2	0.002885	0.000139	0.000575	0.005959	0.000377	0.005178	0.002514	0
TE3	0.005517	0.004855	0.004137	0.004591	0.005529	0.003168	0.005783	0.002918
TE4	0.000526	0.004855	0.004137	0.004591	0.005529	0.003168	0.005783	0.002918
TE5	0.014847	0.004855	0.004137	0.004591	0.005529	0.003168	0.005783	0.002918
……	……	……	……	……	……	……	……	……
TE28	0.009708	0.002497	0.005861	0	0.001757	0.003709	0.002263	0.006114
TE29	0.002357	0.007144	0.008159	0.004298	0.00593	0.005951	0.004275	0.012505
TE30	0.005348	0.006312	0.005976	0.004396	0.006048	0.007728	0.00352	0.006808
TE31	0.003106	0.002289	0.003447	0.003907	0.002122	0.003555	0.004023	0.004168
TE32	0.011285	0.006312	0.005976	0.004396	0.006048	0.007728	0.00352	0.006808

表 6-6　各通信企业 PQ1～PQ8 指标总和、信息熵值与指标权重

项目	PQ1	PQ2	PQ3	PQ4	PQ5	PQ6	PQ7	PQ8
指标总和	55.9525	139.9805	108.7749	146.2428	158.2444	106.9421	97.0000	70.5588
信息熵值	0.9352	0.9920	0.9825	0.9917	0.9917	0.9812	0.9885	0.9725
指标权重	0.3938	0.0483	0.1061	0.0501	0.0504	0.1140	0.0701	0.1672

根据熵权法确定的指标权重，得到各通信企业 2014～2019 年有效专利质量这一指标的指标数据（如表 6-7 所示），用于之后的综合评价研究。

表6-7 各通信企业有效专利质量指标数据 (2014~2019年)

代号	2014年	2015年	2016年	2017年	2018年	2019年
TE1	27.12138	27.53222	27.8213	29.85759	30.31345	30.39097
TE2	25.8875	29.24653	29.80328	29.73878	30.21084	31.03158
TE3	28.83411	29.21858	29.52604	29.86122	27.90065	27.56467
TE4	28.81262	29.19708	29.50455	29.83972	30.29558	30.3731
TE5	28.87429	29.25876	29.56623	29.9014	30.35726	30.43478
TE6	30.17892	29.2008	30.33632	30.63964	30.28766	30.35682
TE7	28.72863	29.25315	29.80989	29.7454	30.11707	31.03819
TE8	28.82336	29.20783	29.51529	29.85047	30.30632	30.38384
TE9	28.8134	29.19787	29.50533	28.40057	27.87994	27.54395
TE10	27.11859	27.52944	27.81851	28.41487	27.89424	27.55825
TE11	28.83759	29.22206	29.52952	29.8647	30.32056	31.0464
TE12	25.87891	25.81194	30.33416	30.63749	30.2855	30.35466
TE13	28.7146	29.23912	29.79587	29.73137	30.10305	31.02417
TE14	28.81035	29.19482	29.50228	29.83746	30.29331	30.37083
TE15	27.11534	29.20892	29.67	30.17305	28.46474	29.30721
TE16	28.8392	29.22367	29.53113	29.86631	30.32217	30.39969
TE17	28.8293	29.21377	29.52124	29.85641	30.31227	30.38979
TE18	30.20977	30.35317	30.36716	30.67049	30.3185	30.38766
TE19	28.88733	29.27179	29.57926	29.91443	30.37029	30.44781
TE20	30.18243	30.32583	30.33982	30.64315	30.29116	30.36032
TE21	30.17784	30.32125	30.33524	30.63856	30.28658	30.35574
TE22	28.54313	28.56698	29.00244	29.86304	30.31889	27.56648
TE23	30.23739	28.60585	29.04131	29.37223	28.68515	28.8692
TE24	28.82337	29.20784	29.5153	29.85048	30.30633	30.38385
TE25	28.83101	29.21548	29.52294	29.85812	30.31397	31.03981
TE26	28.81644	29.20091	29.50837	29.84355	30.29941	30.37693

代号	2014 年	2015 年	2016 年	2017 年	2018 年	2019 年
TE27	28.85422	29.23869	29.54616	29.88133	30.33719	30.41471
TE28	26.79455	27.00301	27.7253	27.70666	28.3421	27.36459
TE29	28.8205	29.20497	29.51243	29.84761	30.30346	31.0293
TE30	28.83338	29.21785	29.52531	29.86049	30.31634	30.39387
TE31	27.15953	29.20819	27.49043	28.28198	27.84936	27.24808
TE32	28.85895	29.24342	29.55088	29.88606	30.34192	30.41944

（3）通信企业各技术集群专利数据分析

通过对样本企业的专利数据进行处理，利用 Python 梳理通信企业专利数据的技术分布，发现主要活动领域集中在 IPC 分类号 H04（电通信技术）、G06（计算机与计数）、H01（基础电气元件）和 C03（玻璃、矿物或矿渣棉）四个领域。其中，中国电子的主要活动领域为基础电气元件，康宁公司的主要活动领域为玻璃、矿物或矿渣棉。

在 pyecharts 绘制的 html 图中，统计了数字通信系统，电信，计算机技术，视听技术，控制技术，IT 管理方法，光学，电机、电气与能源八个主要技术集群各通信企业的专利申请分布情况。除此之外，样本企业的专利申请数据还分布在操作技术、基础通信处理、半导体、材料与冶金、特殊机器、涂层技术等技术领域，只是相比之下专利申请数量分布较少。

6.2.2 通信企业专利话语权影响力评价指标特征分析

（1）专利国际保护范围与专利主管部门的分布

计算国际保护范围的指标数据时主要是对各科技型企业申请专利所涉及的国家、地区和组织数量的统计。在具体统计过程中，将国际组织（如世界知识产权组织、欧亚专利组织和欧洲专利局等）作为区别于国家和地区的不同组织单独进行统计，将部分地区作为单独的地区进行统计。

如表 6-8 所示，将样本企业分为四个类别呈现其在全球专利主管部门的专利申请分布情况，共涵盖 18 个专利主管部门。各企业由于业务类别的差异，其申请在专利主管部门的分布中体现出不同，但总体来看，企业如无特殊情况，其大部分专利申请都分布在临近地域的专利主管部门。而从专利主管部门的角度来统计，样本企业的专利数据更多地集中在美国、加拿大、中国和日本的专利主管部门中，也从侧面反映出全球专利主管部门在通信行业的格局差异。

（2）企业专利诉讼情况

在 incoPat 专利检索数据库中将样本企业名称输入申请人字段中进行检索。所选样本企业可能存在企业专利在多个国家或地区的专利主管部门申请、申请专利时使用多种语言形式表示企业名称、以存在从属关系的母子公司的名义申请专利等多种情形。为了提高样本企业专利的查全率，通过将德温特专利数据库中数据预处理的结果和 incoPat 专利检索数据库中申请人辅助查询工具的处理结果进行合并对比后再进行检索。统计检索结果的数量，并在 ORBIS IP 数据库中进行验证，即可得到各企业的专利诉讼情况。

如图 6-2 所示，将样本企业分组分别统计了作为原告和被告的专利诉讼情况。其中，作为原告诉讼案件较多的企业为AT&T、威瑞森电信、思科、华为等，一定程度上反映了这些企业专利技术的竞争力。作为被告诉讼案件较多的企业为思科、诺基亚公司、康卡斯特、华为等，表明这些企业在专利布局中存在需要调整的地方。整体而言，思科和华为作为原告与被告的诉讼案件都数量较多，一方面体现出企业在行业领域内的高技术水平，另一方面也表明企业在处理侵权方面需要投入更多的精力——这是一把双刃剑。

表 6 - 8 通信企业专利全球专利主管部门分布情况

	美国 US	加拿大 CA	中国(不含中国台湾) CN	日本 JP	西班牙 ES	德国 DE	奥地利 AT	英国 GB	印度 IN	韩国 KR	澳大利亚 AU	中国台湾 TW	土耳其 TR	巴西 BR	阿根廷 AR	法国 FR	芬兰 FI	瑞典 SE
TE1	314	29	11	7	4													
TE2	1411		470		605	3696	470											
TE3	988		282	12560		141		141										
TE4	1122	449		1346		314		1257										
TE5	14611		124194	4383					2922	1461								
TE6	1190	563	63	83							188							
TE7	5728	955	220	220		147		294										
TE8			9704	368					246	1228		860						
TE9	14133	2468		2916		2468					673							
TE10	9821		7015	120660		2806				1403								
TE11	289		13994															
TE12	6948		1820	1985				4963				827						
TE13	1168		130		692			2076					216					

续表

	美国 US	加拿大 CA	中国（不含中国台湾）CN	日本 JP	西班牙 ES	德国 DE	奥地利 AT	英国 GB	印度 IN	韩国 KR	澳大利亚 AU	中国台湾 TW	土耳其 TR	巴西 BR	阿根廷 AR	法国 FR	芬兰 FI	瑞典 SE
TE14	477		262		1074									310	239			
TE15	5237		2095	1676		4023										9007		
TE16			8222															
TE17	27282	1705	3069						1023		1023							
TE18	111266		14852	29671		16708		12995										
TE19	68272		224322	13004					13004			2297		6500				
TE20	735		1424	138						46								
TE21	5667	798	399						399		798							
TE22	18618		7447	148941		5585				7447								
TE23	372		6849							74		149						
TE24	69238		32086	25331				23642									20265	
TE25	13550		5081	145666		3388		3388										
TE26	63690		28950	18818							14475							18818

续表

	美国 US	加拿大 CA	中国(不含中国台湾) CN	日本 JP	西班牙 ES	德国 DE	奥地利 AT	英国 GB	印度 IN	韩国 KR	澳大利亚 AU	中国台湾 TW	土耳其 TR	巴西 BR	阿根廷 AR	法国 FR	芬兰 FI	瑞典 SE
TE27	103739		59280	53352					35568	44460								
TE28	19347		8655	9674						6619		6110						
TE29	16987		4972	6629				7872			4972							
TE30	4400	60	1446			121			60									
TE31	2849	62	31						93		62							
TE32			5998						612					612				

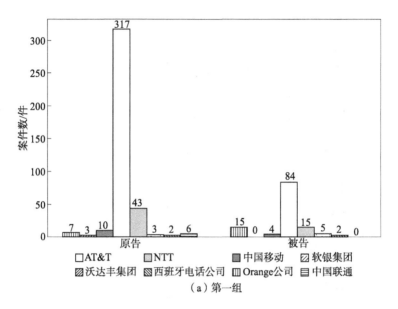

（a）第一组

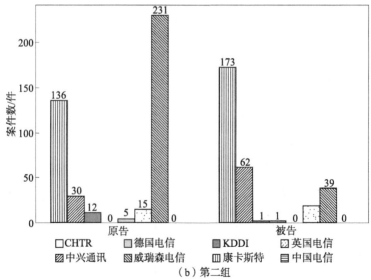

（b）第二组

图6-2　通信企业专利诉讼情况

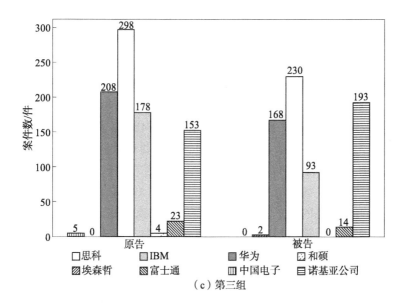

（c）第三组

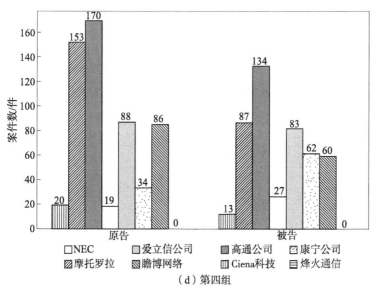

（d）第四组

图 6-2 通信企业专利诉讼情况（续）

6.2.3 通信企业专利话语权传播力评价指标特征分析

通过统计各通信企业专利交易中的技术类型分布，来获取更受偏好的专利交易类型。在表6-9中，用专利的IPC分类号来依序体现各通信企业专利交易过程中的技术取向。其中，G06F（电数字数据处理）和H04L（数字信息的传输，例如电报通信）是最为热门的专利交易类型，也体现出了目前通信行业的技术重心。此外，H02J（供电或配电的电路装置或系统；电能存储系统）、G01R（测量电变量；测量磁变量）、G09G（对用静态方法显示可变信息的指示装置进行控制的装置或电路）和C03B（玻璃、矿物或渣棉的制造、成型；玻璃、矿物或渣棉的制造或成型的辅助工艺）相关的专利交易数量较少，存在着技术交叉、技术饱和、技术待改进等多种情况。图6-3和图6-4显示了高通公司的专利交易技术类型分布情况和技术主题模型分布。通过对通信企业专利交易类型分布与通信企业专利技术主题分布的对比，发现在技术取向中基本拟合，表明了评价实证分析的一致性。

表6-9 通信企业专利交易技术类型排序与分布

代号	交易量第一名	交易量第二名	交易量第三名	交易量第四名	交易量第五名
TE1	H04N	H04W	G06F	H01Q	H04B
TE2	H04W	H04L	G06F	H04M	H04N
TE3	H04B	G06F	H04L	H04N	H04J
TE4	G06F	H04L	H04M	G02B	H04B
TE5	H04W	H04L	G06F	H04B	H04J
TE6	G06F	G06Q	H04L	H04M	H04N
TE7	H04N	G06F	H04L	H04W	H04M
TE8	H04W	H04B	H04L	H04J	H04Q
TE9	G06F	H04M	H04L	H04N	H01L

续表

代号	交易量第一名	交易量第二名	交易量第三名	交易量第四名	交易量第五名
TE10	G06F	H04W	H04L	H04B	H05K
TE11	H04W	G06F	H04L	H04J	H04B
TE12	G06F	H04L	G01N	G11C	G06Q
TE13	H04W	G06F	H04M	G08G	H04L
TE14	H04L	G06F	H04W	H02M	H02J
TE15	H04L	G06F	H04N	H04W	H04B
TE16	H04L	H01Q	G06F	H02G	
TE17	G06F	H04L	H04N	H04B	H04W
TE18	G06F	H01L	H04L	G06Q	G11B
TE19	H04L	H04W	G06F	H04B	H04N
TE20	G11B	H05K	H01R	G06F	G01R
TE21	G06F	G06Q	H04L	H04M	G06K
TE22	G06F	H01L	H04L	G02F	H04B
TE23	H01L	H01J	F21V	G02F	G09G
TE24	H04L	G06F	H04W	H04B	H04M
TE25	G06F	H04L	H01L	H04W	H04B
TE26	H04L	H04W	H04B	G06F	H01Q
TE27	H04B	H04W	G06F	H04L	H01L
TE28	G02B	H01R	H04W	H04B	C03B
TE29	G06K	G06F	H04B	H04L	H04W
TE30	H04L	G06F	H04J	H04Q	H04B
TE31	H04L	H04B	H04J	G06F	G02B
TE32	H04L	G02B	G06F	H04B	H04Q

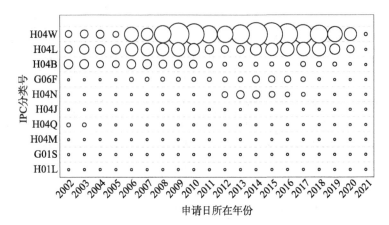

图6-3 高通公司专利交易技术类型分布

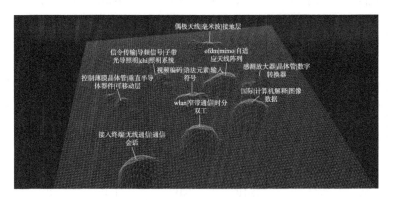

图6-4 高通公司专利交易技术主题分布

通信企业的专利交易类型主要以质押转让、担保释放（通过提供担保获得归属其他企业的专利）、非执业实体间交易、公司收购、校企合作、政企合作与公司内部交易等方式为主。

6.3 基于灰色关联度分析法的通信企业专利话语权综合评价

根据评价框架中构建的评价指标，本节通过灰色关联度分析法对科技型企业专利话语权进行综合评价。

6.3.1 基于灰色关联度分析法的通信企业专利话语权评价指标权重计算

基于样本企业各评价指标的数据，根据第 5 章评价模型中评价方法的设计，使用灰色关联度分析法确定科技型企业专利话语权评价模型各个指标的权重。

（1）确定比较数列

采集并计算样本企业各评价指标的对应数据，从而形成比较数列。为方便统计分析，将各评价指标用字母组合代指，部分数据如表 6 – 10 所示。

PN 表示有效专利数量，FP 表示同族专利指数，IC 表示专利研发投入费用，SRN 表示标准必要专利数量，ACN 表示专利平均引用次数，PS 表示专利国际保护范围，TN 表示专利交易数量，PI 表示专利收入，PQ 表示有效专利质量。

（2）确定参考数列

将各个指标数据中的最值加以组合作为参考数列，构成理想企业的数据。最终形成的参考数列最值数据如表 6 – 11 所示。

表6-10　用于灰色关联度分析的比较数列（局部）

代号	PN/件	FP	IC/美元	SRN/件	ACN/次	PS	TN/件	PI/美元	PQ
TE1	5	130	1000000	0	4	6	0	0	27.12138
TE2	3240	10174	11606800000	91	3	43	61	323436400000	25.8875
TE3	3850	10272	234000000	11	3	17	57	3131000000	28.83411
TE4	3364	11080	4257250	39	4	37	162	33585580	28.81262
TE5	41469	132210	14722240	9479	3	42	1379	6693000	28.87429
……	……	……	……	……	……	……	……	……	……
TE28	21559	57388	10310000	6	9	53	1208	8620000	27.36459
TE29	18055	106813	687000000	3044	5	69	1923	868000000	31.0293
TE30	4062	4800	9557000	0	14	17	18	3450000	30.39387
TE31	1973	2392	5481390	3	10	13	2386	2534340	27.24808
TE32	2650	4178	3338280	0	3	15	0	922680	30.41944

表6-11　用于灰色关联度分析的参考数列

最值	PN/件	FP	IC/美元	SRN/件	ACN/次	PS	TN/件	PI/美元	PQ
最大值	116257	416746	11768800000	41250	48	69	54151	420834200000	151.9095
最小值	5	130	0	0	2	2	0	0	121.9119

（3）指标数据标准化处理

为了便于后续研究中对数据的比较与分析，需要对参考数列和比较数列进行无量纲化处理和逆向指标数据正向化处理。首先，正向化处理指标数据，具体的方法为：

$$P_d = \frac{\max x_i - x_i}{\max x_i - \min x_i} \qquad (6-5)$$

其次，使用均值化法无量纲化处理所有指标的数据，具体的计算公式如下：

$$x_i'(k) = \frac{x_i(k)}{\dfrac{1}{m}\left|\sum\limits_{k=1}^{m} x_i(k)\right|} \tag{6-6}$$

标准化处理后的比较数列（部分）和参考数列分别如表6-12和表6-13所示。

表6-12　数据标准化后的比较数列（部分）

代号	PN/件	FP	IC/美元	SRN/件	ACN/次	PS	TN/件	PI/美元	PQ
TE1	0.0278	0.0241	0.9862	0.0022	0.0217	0.6119	0.0011	0.7686	0.0331
TE2	0.0331	0.0243	0.0199	0.0003	0.0217	0.2239	0.0011	0.0074	0.7292
TE3	0.0289	0.0263	0.0003	0.0009	0.0434	0.5223	0.0030	0.7980	0.7284
TE4	0.3567	0.3170	0.0012	0.2298	0.0218	0.5970	0.0255	0.1590	0.7305
TE5	0.0082	0.0256	0.0764	0.0005	0.2174	0.3731	0.0178	0.0002	0.9320
……	……	……	……	……	……	……	……	……	……
TE28	0.1854	0.1374	0.0009	0.0001	0.1522	0.7612	0.0223	0.2050	0.2441
TE29	0.1553	0.2561	0.0584	0.0738	0.0652	1	0.0355	0.0021	0.9886
TE30	0.0349	0.0112	0.0008	0	0.2609	0.2239	0.0003	0.8200	0.9352
TE31	0.0169	0.0054	0.0005	0.0001	0.1739	0.1642	0.0441	0.6020	0.2930
TE32	0.0228	0.0097	0.0002	0	0.0217	0.1940	0	0.2190	0.9361

表6-13　数据标准化后的参考数列

IC/美元	TN/件	PN/件	PQ	FP	SRN/件	PS	ACN/件	PI/美元
4.8511	2.9862	6.0575	0.0324	5.2942	1.5574	2.0117	6.6031	3.1955

（4）计算灰色关联度系数

根据第5章研究方法中给出的公式分别计算每个比较数列与参考数列所对应元素的灰色关联系数，分辨系数 ρ 的值取0.5，具体计算公式为：

$$\xi_i(k) = \frac{\min\limits_{i}\min\limits_{k}\mid y(k) - x_i(k)\mid + 0.5 \times \max\limits_{i}\max\limits_{k}\mid y(k) - x_i(k)\mid}{\mid y(k) - x_i(k)\mid + 0.5 \times \max\limits_{i}\max\limits_{k}\mid y(k) - x_i(k)\mid}$$

$$(6-7)$$

经过计算的灰色关联度系数（部分）如表6-14所示。

表6-14　比较数列的灰色关联度系数（部分）

代号	PN/件	FP	IC/美元	SRN/件	ACN/次	PS	TN/件	PI/美元	PQ
TE1	1.0000	0.7382	0.3865	0.9032	0.4237	0.6937	0.8318	0.3858	0.5403
TE2	0.5892	0.6305	0.3708	0.7555	0.3049	0.9171	0.7430	0.3558	0.5504
TE3	0.5805	1.0000	0.3759	0.7153	0.3060	0.9499	0.6951	0.3487	0.6367
TE4	0.4680	0.6646	0.5131	0.8285	0.5072	0.9397	0.8685	0.3997	1.0000
TE5	0.5366	0.7769	0.4404	0.7288	0.4813	0.7771	0.8814	0.3039	0.5933
……	……	……	……	……	……	……	……	……	……
TE28	0.4315	0.5685	0.3926	0.7994	0.4333	0.7925	0.8881	0.3612	0.7136
TE29	0.4239	0.5489	0.4201	0.7401	0.4698	0.7626	1.0000	0.4682	0.5654
TE30	0.4227	0.5442	0.3687	0.7841	0.3004	0.9298	0.6992	0.3489	0.6175
TE31	0.4203	0.5424	0.3672	0.7764	0.3990	0.8876	0.6831	0.3456	0.5776
TE32	0.4205	0.5466	0.3686	0.8571	0.3001	0.9656	0.6910	0.3445	0.7563

（5）计算各评价指标的关联度

分别计算各指标比较数列灰色关联系数的平均值，得到9个指标的关联度，结果如表6-15所示，计算公式为：

$$r_k = \frac{1}{m}\sum_{i=1}^{m}\xi_i(k) \qquad (k = 1,2,\cdots,n) \qquad (6-8)$$

表6-15　9个指标的关联度

指标	PN/件	FP	IC/美元	SRN/件	ACN/次	PS	TN/件	PI/美元	PQ
关联度	0.8529	0.8218	0.6796	0.7199	0.8339	0.9537	0.7150	0.4268	0.9908

（6）计算各评价指标的权重

运用公式 6 - 9，计算出通信企业专利话语权评价指标的权重。表 6 - 16 为各指标的具体权重。

$$w_k = \frac{r_k}{\sum\limits_{k=1}^{n} r_k} \qquad (k = 1, 2, \cdots, n) \qquad (6-9)$$

表 6 - 16　通信企业专利话语权评价指标权重

指标	PN/件	FP	IC/美元	SRN/件	ACN/次	PS	TN/件	PI/美元	PQ
权重	0.073323	0.088832	0.159773	0.139673	0.082817	0.023087	0.142125	0.285805	0.004565

6.3.2　基于灰色关联度分析法的通信企业专利话语权评价结果分析

通过运用灰色关联度分析法计算出通信企业专利话语权各评价指标的权重后，通过加权求和的方法计算出各样本企业的专利话语权得分（discourse value，DV）。通信企业专利话语权评价模型的计算公式为：

DV ＝ 0.073323 × PN + 0.088832 × FP + 0.159773 × IC +

0.139673 × SRN + 0.082817 × ACN + 0.023087 × PS +

0.142125 × TN + 0.285805 × PI + 0.004565 × PQ

计算得到的 32 家通信企业专利话语权得分的排名如表 6 - 17 所示。

表 6 - 17　通信企业专利话语权得分排名

代号	2014 年	2015 年	2016 年	2017 年	2018 年	2019 年
TE1	31	31	29	29	26	24
TE2	1	1	1	1	1	1
TE3	5	5	5	5	5	5

续表

代号	2014 年	2015 年	2016 年	2017 年	2018 年	2019 年
TE4	19	20	20	20	19	19
TE5	23	23	24	23	24	25
TE6	9	9	9	8	9	9
TE7	12	14	13	12	13	11
TE8	27	27	28	30	31	28
TE9	15	12	12	11	12	14
TE10	3	4	3	4	4	4
TE11	14	11	15	13	11	13
TE12	4	3	4	2	3	2
TE13	32	32	32	25	27	32
TE14	24	21	23	22	22	21
TE15	25	26	27	28	29	27
TE16	17	16	17	17	17	18
TE17	11	13	11	14	18	12
TE18	2	2	2	3	2	3
TE19	16	17	16	15	14	15
TE20	10	10	10	10	10	10
TE21	20	19	18	18	16	17
TE22	6	6	6	6	6	6
TE23	28	28	26	31	28	30
TE24	22	22	21	19	20	20
TE25	8	7	7	7	8	8
TE26	18	18	22	21	21	22
TE27	13	15	14	16	15	16
TE28	21	24	19	26	23	23
TE29	7	8	8	9	7	7
TE30	26	25	25	27	25	26
TE31	29	29	30	24	30	29
TE32	30	30	31	32	32	31

通过对通信企业专利话语权的实证研究发现，通信设备制造类企业和技术服务类企业的表现相对突出，在专利研发方面表现活跃，是通信行业发展的引领者，话语权得分总体较高。电信运营类企业的话语权评价得分相对落后，这充分表明在竞争激烈的通信行业，只专注于提供通信服务无法进一步提升话语权，需要在维护既有业务的同时关注技术研发板块。例如，西班牙电话公司的市场份额非常大，但专利话语权评价的排名却相对靠后；与之形成对比的是 NTT，该公司在专利话语权评价中排名靠前，位列第四。同时，通信企业专利话语权的争夺还受到业务范围与市场积累等因素的影响。

面向未来，伴随着社会信息交互形式的不断升级，元宇宙、虚拟现实、增强现实、移动医疗等新兴业务的产生与发展，为科技型企业带来了高密度的技术挑战。着眼通信技术领域，2018 年，5G 独立组网标准的正式冻结意味着面向商用的 5G 标准谈判与争夺正式拉开帷幕。高通公司在 3G 时代就已获得通信霸主地位，可以说在数据信道、高频段通信技术、大规模天线技术、新型多载波技术、新型多址接入技术、端到端原型机、正交频分复用（OFDM）、码分多址接入（CDMA）等领域已率先占领了关键技术分支，其在 5G 技术领域的专利数量占比为 15%，其中以标准必要专利为主，专利质量整体较高。爱立信公司作为 1G 与 2G 时代的通信巨头，拥有大量的标准必要专利，目前的专利布局聚焦于波束赋形技术、5G 插件、大规模天线技术、信道信息获取技术等方面，在 5G 技术相关领域拥有 8% 的专利。NTT 的专利技术主要覆盖导频设计、波束赋形技术、非正交多址接入（NOMA）技术、信道状态信息（CSI）获取及反馈等技术领域。华为早在 2009 年就开启了 5G 相关技术的研发工作，目前已实现增强移动宽带（eMBB）和低时延高可靠通信（uRLLC）两种重要场景的支持，在各关键技术领域均拥有主推技术，实现了以控制信道、滤波正交频分复用（F - OFDM）技术、稀疏码分多址接入（SCMA）技术、极化码等领先技术为代表的全领域先锋研发，与中兴通讯等国内通信企业共计获得占比超过 20% 的 5G 基础专利，但标准必要专利数量较少，专利质量有待进一步提升（张俊艳等，2018）。

6.4 通信企业专利话语权评价结果检验分析

为了评估本研究构建的科技型企业专利话语权评价模型的评估结果，运用社会网络分析法分析了所有通信企业的参与情况，以确定在技术领域表现更好的企业。同时，利用相关分析和多元回归验证不同研究方向的通信企业专利话语权评价结果的科学性。

6.4.1 基于社会网络的评价结果有效性检验

（1）企业共被引网络分析

通过对样本企业的共被引网络进行分析，可以从技术的角度反映样本企业的专利话语权，进一步体现企业的行业地位与企业间的技术联系。企业共被引次数矩阵中，对角线各元素表示样本企业的总被引次数，是一个对称矩阵。样本企业共被引次数矩阵（部分）如表 6 - 18 所示。

表 6 - 18 32 家通信企业的共被引次数矩阵（部分）　　单位：次

	AT&T	威瑞森电信	中国移动	华为	NTT	……	Ciena科技	烽火通信
AT&T	329845	19793	366	9421	26845	……	3815	274
威瑞森电信	19793	98041	470	11330	9357	……	2111	253

续表

	AT&T	威瑞森 电信	中国 移动	华为	NTT	……	Ciena 科技	烽火 通信
中国移动	366	470	44100	14958	1468	……	31	368
华为	9421	11330	14958	386038	20894	……	3033	3291
NTT	26845	9357	1468	20894	424704	……	2422	442
……	……	……	……	……	……	……	……	……
Ciena 科技	3815	2111	31	3033	2422	……	2220	99
烽火通信	274	253	368	3291	442	……	99	11507

本研究选用 Jaccard 系数作为数据标准化的方法,生成样本通信企业的共被引强度矩阵,以进一步构建企业共被引网络,具体的计算公式如 6-10 所示(王贤文等,2010):

$$S_j(i,j) = \frac{coc(i,j)}{cit(i) + cit(j) - coc(i,j)} \qquad (6-10)$$

其中,$S_j(i, j)$ 代表样本企业 i 与样本企业 j 的专利共被引强度,$coc(i, j)$ 代表样本企业 i 与样本企业 j 的专利共被引篇数,$cit(j)$ 代表样本企业 j 的专利被引篇数,$cit(i)$ 代表样本企业 i 的专利被引篇数。依据公式 6-10 实现对样本企业共被引次数矩阵的标准化转换,进一步得到样本企业的共被引强度矩阵(部分),如表 6-19 所示。

表 6-19　32 家通信企业的共被引强度矩阵(部分)　单位:次

	AT&T	威瑞森 电信	中国 移动	华为	NTT	……	Ciena 科技	烽火 通信
AT&T	1	0.0684	0.0121	0.0336	0.0572	……	0.0316	0.0019
威瑞森电信	0.0684	1	0.0125	0.0347	0.0279	……	0.0281	0.0124
中国移动	0.0121	0.0125	1	0.0438	0.0132	……	0.0016	0.0168
华为	0.0336	0.0347	0.0438	1	0.0387	……	0.0178	0.0186

续表

	AT&T	威瑞森电信	中国移动	华为	NTT	……	Ciena 科技	烽火通信
NTT	0.0572	0.0279	0.0132	0.0387	1	……	0.0154	0.0110
……	……	……	……	……	……	……	……	……
Ciena 科技	0.0316	0.0281	0.0016	0.0178	0.0154	……	1	0.0132
烽火通信	0.0019	0.0124	0.0168	0.0186	0.0110	……	0.0132	1

将表 6-19 的共被引强度矩阵导入软件 Ucinet 中，借助工具 Netdraw 将样本企业的共被引网络可视化，绘制共被引网络图谱（Borgatti，2002）。通过共被引强度矩阵和网络可视化图谱发现，样本企业共被引网络有较强的连通性。TE5、TE17、TE18、TE19、TE22、TE24、TE25、TE26、TE27 和 TE29 等技术服务类企业和通信设备制造类企业间联系紧密，位于共被引网络的中心位置，共被引强度较强。相比之下，器件生产类企业和电信运营类企业大部分处在共被引网络的外围位置，TE1、TE14 和 TE23 这三家企业处在共被引网络相对边缘的位置。

点度中心度作为衡量节点间连接性的指标，可以体现社会网络中个体的联系紧密性、信息掌握度、连接网络敏捷性和人缘差异等多方面的内容。在样本企业的共被引网络中，若企业拥有较大的点度中心度，则表明该企业与较多的其他企业存在着共被引关系，往往是行业领域内的奠基者或开拓者，处在行业中的核心位置并掌握着关键技术。表 6-20 为点度中心度前十位企业情况，从中进一步发现排在前十位的企业都有相对深厚的技术积累，以老牌通信巨头为主。

表 6 - 20　点度中心度排名前十位的通信企业

排名	企业名称	点度中心度
1	诺基亚公司	0.885
2	思科	0.871
3	摩托罗拉	0.822
4	高通公司	0.761
5	AT&T	0.754
6	爱立信公司	0.709
7	IBM	0.681
8	富士通	0.658
9	威瑞森电信	0.634
10	NEC	0.626

中介中心度通常被用来发现在社会网络中对资源流动起较大影响的个体，用于衡量节点控制其他节点的能力。中介中心度较大的个体通常是各子群间的桥梁。在样本企业共被引网络中，中介中心度有 17 家企业并列第一，这一现象受样本企业所属行业特征的影响。首先，通信行业市场具有一定的垄断性，在不同的发展时期于同一技术类别的竞争中脱颖而出的企业成为具有技术垄断力量的企业。其次，各通信企业无法实现边界清晰的类型切割，其产品与服务也是包含多种技术的综合集成，因此难以将某一企业作为社会网络中的明确切点。表 6 - 21 为中介中心度前 17 位的通信企业情况，这些企业在该行业领域内有较强的控制力。Orange 公司与和硕的中介中心度为 0.642，相对较高。CHTR 和中国电子的中介中心度数值较低，意味着这两家企业处于社会网络的边缘，并不能控制任何企业。

表6-21　中介中心度排名前17位的通信企业

排名	企业名称	中介中心度
1	AT&T	0.856
1	威瑞森电信	0.856
1	中国移动	0.856
1	华为	0.856
1	NTT	0.856
1	康卡斯特	0.856
1	诺基亚公司	0.856
1	NEC	0.856
1	IBM	0.856
1	高通公司	0.856
1	中兴通讯	0.856
1	富士通	0.856
1	思科	0.856
1	瞻博网络	0.856
1	KDDI	0.856
1	摩托罗拉	0.856
1	埃森哲	0.856

　　接近中心度主要用来衡量各节点的独立性，可以发现能够最快影响整个社会网络的个体并发挥较大作用，即社会网络中的广播者。在样本企业共被引网络中，接近中心度的得分都比较相近，各个企业间的区分度不大，这一现象同样受样本企业所属行业特征的影响。通信行业的产业链较长，产业链各环节分布不同的通信企业，即使在行业内拥有较高的专利话语权，其业务范围

也无法覆盖产业链整体，因此，各通信企业既相互竞争又彼此依赖，表现在共被引网络中就是一个高度连接的网络。接近中心度有 17 家通信企业并列第一，接近中心度是 31，分别为 TE3、TE5、TE6、TE7、TE9、TE10、TE11、TE17、TE18、TE19、TE21、TE22、TE24、TE25、TE27、TE29 和 TE30。9 家企业的接近中心度均为 32。TE28 与 TE31 的接近中心度均为 33。TE12 和 TE23 接近中心度为 34。

综上所述，通过分析样本企业共被引网络的社会网络结果，可以发现在点度中心度、中介中心度和接近中心度三个方面表现都相对优秀的企业有 TE6、TE9、TE17、TE18、TE19、TE22、TE24、TE25、TE27 和 TE29。这些企业涵盖通信企业的四个类别，但以技术服务类企业和通信设备制造类企业为主。

（2）结合社会性评价的综合比较

本研究提出的科技型企业专利话语权评价模型兼备经济性和技术性指标，从专利技术成果与专利技术转化这两个科技型企业的核心内容出发对科技型企业的专利话语权进行综合评分。将样本企业专利话语权评价结果与社会网络评价结果和经济性企业排行榜榜单进行比较，是对评价模型有效性的综合检验。上节中的基于科技型企业共被引网络的社会网络评价结果提供了技术性的视角，从样本企业技术地位的角度与企业专利权评价结果进行交叉验证。而与经济学视角下的企业榜单排名进行对比，则可以验证科技型企业专利话语权在企业财务方面的表现。

将 2019 年综合得分前十位的通信企业作为比较对象，分别比较科技型企业专利话语权排名、经济性企业 500 强榜单排名、年度排名变化情况与各社会网络分析指标排名情况。年度排名变化情况一栏中，用正数表示上升的位次，负数表示下降的位次，具体数据如表 6 - 22 所示。

表6-22 综合得分前十位的通信企业三种排名方式的比较

企业名称	综合得分排名	2019年500强排名	与2018年相比500强排名变化	点度中心度排名	中介中心度排名	接近中心度排名
德国电信	1	90	-9	13	1	1
软银集团	2	98	-13	17	1	1
IBM	3	114	-22	7	1	1
NTT	4	64	-9	5	1	1
KDDI	5	245	-9	24	1	1
富士通	6	349	-36	8	1	1
摩托罗拉	7	416	-9	3	1	1
NEC	8	470	-7	10	1	1
威瑞森电信	9	43	-6	9	1	1
和硕	10	259	26	20	1	1

通过对比表6-22中的数据可以发现，专利话语权综合排名前十位的企业涵盖了所有通信企业的细分类型，表明评价结果相对全面地反映了通信企业的专利话语权竞争情况。其中，技术服务类企业的排名情况总体最好，进入专利话语权综合得分排名前十位的比例最高，且排名也相对靠前，这与技术服务类企业的业务范围广泛息息相关：该类型通信企业同时涉及通信与计算机行业，影响范围更广，也更容易拥有较高的话语权。软银集团、和硕和KDDI在点度中心度方面表现稍弱，其他企业在社会网络分析结果中表现普遍较好，表明评价结果相对恰当地反映了通信企业的专利话语权情况。基于通信企业的细分类型进行企业的横向比较发现，专利话语权综合得分排名与其他两项即经济类、技术类排名基本一致，表明专利话语权的综合排名的确同时反映了样本企业在经济与技术两方面的综合表现。总体而言，专利话语权综合得分排名前十位的企业以老牌通信企业为主，它们的市场积

累与品牌口碑发挥了重要作用。同时，和硕这类后起之秀也进入了前十位的榜单。结合之前对样本企业 2010~2019 年专利申请量发展情况与趋势的分析，同样表明了专利话语权评价结果在一定程度上反映了样本企业的近期表现，因为综合得分前十位的企业 2010~2019 年的专利申请也表现活跃。

综上所述，本研究构建的科技型企业专利话语权评价模型兼顾了企业在多个层面的实力，并一定程度上反映了企业的近期表现。实证研究中专利话语权的评价结果与社会网络评价结果、经济类排行榜榜单具有相对一致性，表明本研究所构建的科技型企业专利话语权评价模型能够较好地量化企业的专利话语权，具有一定的实践意义与应用价值。

6.4.2 基于相关分析和多元回归的通信企业专利话语权评价指标分析

（1）基于相关分析的通信企业专利话语权评价指标分析

为方便在 SPSS26.0 中对评价数据进行分析，分别用指标Ⅰ、指标Ⅱ和指标Ⅲ来对应引导力、影响力和传播力评价指标。表 6-23 为对一级指标及各二级指标之间的相关性进行检验的结果。

如表 6-23，在指标Ⅰ、指标Ⅱ、指标Ⅲ及各二级指标之间的相关性检验中，指标Ⅰ和指标Ⅲ在 0.01 的水平上存在显著正相关，相关关系比较显著，相关系数为 0.825；SRN 和指标Ⅰ之间的相关系数为 -0.108，存在负相关趋势，相关关系不显著。

（2）基于多元回归的通信企业专利话语权评价指标分析

基于上节的相关性分析结果，进一步对两个一级指标进行回归分析，以指标Ⅰ为预测变量，指标Ⅲ为因变量，进行回归模型检验，具体结果见表 6-24。

表6-23 通信企业专利话语权评价指标相关性分析

指标	PN	FP	PQ	IC	SRN	指标I	CAN	PS	指标II	TN	PI	指标III
PN	1											
FP	0.931**	1										
PQ	0.077	0.122	1									
IC	0.214	0.304	0.055	1								
SRN	0.687**	0.412*	0.092	-0.108	1							
指标I	0.214	0.304	0.055	1.000**	-0.108	1						
CAN	-0.117	-0.112	-0.149	-0.095	-0.159	-0.095	1					
PS	0.722**	0.629**	-0.007	0.286	0.506**	0.286	0.039	1				
指标II	0.311	0.263	-0.124	0.085	0.156	0.085	0.828**	0.594**	1			
TN	0.426*	0.282	0.091	0.029	0.516**	0.029	-0.034	0.413*	0.205	1		
PI	-0.103	-0.086	-0.033	0.825**	-0.087	0.825**	-0.087	0.080	-0.025	-0.062	1	
指标III	-0.103	-0.086	-0.033	0.825**	-0.087	0.825**	-0.087	0.080	-0.025	-0.062	1.000**	1

注：在0.01级别（双尾），相关性显著；在0.05级别（双尾），相关性显著。

* $p < 0.05$。

** $p < 0.01$。

表 6 - 24　引导力指标与传播力指标回归模型检验

模型	未标准化系数		标准化系数	t	显著性
	B	标准错误	Beta		
常量	- 1487558010	1423248206		- 1. 045	0. 304
指标 I	38. 033	4. 758	0. 825	7. 993	0. 000
R^2	0. 680				
F	63. 883				0. 000

如表 6 - 24，在指标 I 对指标Ⅲ的回归模型检验中，回归模型（$F = 63. 883$，$P < 0. 001$）在 0. 001 的水平上显著，即回归模型在 0. 001 的显著水平上有效；$R^2 = 0. 680$，即自变量能够解释因变量 68. 0% 的变化。

在回归系数的显著性检验中，指标 I（$b = 38. 033$，$p < 0. 001$）对指标Ⅲ具有正向预测作用，也即指标 I 对指标Ⅲ具有正向影响，印证了第 3 章中对专利话语权的形成机制与各评价要素间关系的解析，如图 6 - 5 所示。

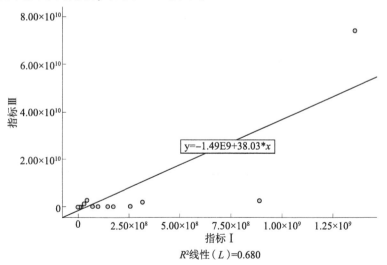

R^2线性(L)=0.680

图 6 - 5　引导力指标与传播力指标回归模型

以最受瞩目的 SRN 这一评价指标作为预测变量，引导力（指标 I）为因变量，进行回归模型检验，具体结果见表 6 – 25。

表 6 – 25　SRN 与引导力指标回归模型检验

模型	未标准化系数		标准化系数	t	显著性
	B	标准错误	Beta		
常量	122015946. 2	55833742		2. 185	0. 037
SRN	– 24495. 522	41039. 182	– 0. 108	– 0. 597	0. 555
R^2	0. 012				
F	0. 356				0. 555

如表 6 – 25 所示，在 SRN 对指标 I 的回归模型检验中，回归模型（$F = 0. 356$，$P > 0. 05$）不显著，即 SRN 对指标 I 不具有显著影响，说明 SRN 这一指标并不对指标 I 结果产生决定性影响，话语权的评价具有丰富性。

6. 5　科技型企业专利话语权提升建议与对策

基于第 5 章和本章对科技型企业专利话语权评价指标的特征分析与评价实证，笔者从完善专利活动体系环境、提高专利创新引导力和提升专利成果影响力三个方面对提升科技型企业专利话语权提出建议与对策。

6. 5. 1　完善科技型企业专利活动体系环境的建议与对策

一直以来，科技型企业专利话语权的提升受政策因素的影响非常显著，因此，政府不仅要通过激励型政策、引导型政策、协调型政策和保护型政策等措施对科技型企业的持续创新进行引导和扶持，更要通过政策制定、资金投入、项目支持和提供服务等多种方式进行支持，通过财政税收等政策性工具加强对科技型企业创新资源的扶持力度，督促科技型企业对技术引进的消化吸收，鼓励其开展自主创新（黄乾，2001；韩立民等，2006），有效提高科技型企业的持续创新能力（刘耀，2009）。

　　科技型企业提升专利话语权需要较好的体系环境，主要包括管理体制、法制环境和经济体制等，其中经济体制是良好体系环境的根本所在。打造一批领先的科技型企业要以完善持续创新政策环境为目标。从体系环境来看，首先需要健全市场经济机制、完善社会主义市场经济体制。将科技型企业实际情况与国民经济中长期发展规划相结合，发挥优势、整合资源，通过指导性政策引导建立既能发挥市场机制配置资源、又能提升区域持续创新能力，既能发挥区域持续创新主体活力、又能实现区域内持续创新资源共享的持续创新政策体系。其次，在建立现代科技型企业时，要与我国社会主义市场经济发展相适应，要建立明晰的产权关系、明确独立法人制度、创新资源配置能力和增强持续创新活力。同时，还需要从法律方面给予科技型企业扶持，加快制定或完善破产法、公司法、竞争法、反垄断法、知识产权法、基本财产法等与科技型企业相关的法律。通过科技、产业和人才等方面的引导型政策引领科技型企业专利话语权提升的研究领域和发展方向优化、产业结构调整与升级。专利成果的保护政策和交易政策等则着眼于保障科技型企业的各项与专利相关的合法权益。针对科技型企业面临的资金困难的问题，政府应充分发挥自身的服务功能，帮助科技型企业解决融资问题。政府应发挥担保作用，对科技型企业进行完善的信用记录与公布制度建设，制定信用管理办法，建立信用管理机构，营造良好的投资环境。加大政府的引导作用，健全科技型企业社会化服务体系，提高科技型企业的技术水平与技术能力。

6.5.2 提高科技型企业专利创新引导力的建议与对策

做好专利布局依然是抢占产业话语权制高点的关键。从专利话语权评价模型来看，除了关注领域内各专利持有企业的专利储备、专利流向和专利研发情况之外，对其风险专利与诉讼情况的跟踪和了解也十分必要，以便于尽早地规避诉讼风险。

科技型企业的商业化历程各具风格，但也存在企业机制与激励架构方面的相似性。在各国政策有所差异的前提下，不同规模的科技型企业面临不同的发展性挑战。较大规模的科技型企业特别是跨国企业更要着眼于时代背景下经济价值和战略价值的双重推动与实现，寻求商业垄断与政策反垄断间的有效平衡。而规模较小的科技型企业或者特定行业的企业则需研判相关性法例与政策，在创业和兴起阶段快速完善并规范企业内部的商业化架构，规避已然存在的行业风险，以获得企业的快速成长。具体而言，科技型企业要合理配置创新资源，大力引进急需人才，建立合理的激励机制，固化科技型企业自身的技术创新主体地位。健全技术创新支撑体系和建立完善科技型企业技术创新支持体系是企业持续发展的重要基础（刘希宋等，2007）。

6.5.3 提升科技型企业专利成果影响力的建议与对策

面对当前的科技环境和商业环境，身处行业内话语权不同解读位置的企业，均需作出积极的调整和反馈，来快速适应多变的形势，以更好地占据话语权表述的有利视角。常常处于表述者位置的企业要居安思危，需知求新求变、更快更好的引领路线是牢牢掌握话语权的关键部分。而暂时处于被表述者位置的企业要避免过度的自渎式解读；处于挑战和生存压力并存位置的企业往往更具活力和创新力。同时，结合科技型企业本身的特点，企业的发展模式离不开有效合作下的持续创新。把握好自身与政府、高校、机构和其他企业等诸多潜在合作对象的关系，保障好合作过程中合作氛围的积极性与合作信息的对称性，是值得关注的部分。

身处各技术领域的科技型企业，在领域范围内其研发方向与倾向技术也各有侧重，但面对国际标准提案与专利申请布局中存在的矛盾，在维护自身利益、参与产业博弈的同时，也要注重企业间的合作交流与资源共享。一方面，与国内企业的合作能够集中性地进行关键技术的完善与突破，尽快冲破技术瓶颈，避免重复研发的资源浪费和产业内耗。另一方面，与国际企业的合作能够更好地获悉同一领域的国际水平，打破自我封闭的局面，吸取国际间竞争的既有教训，进一步提升技术标准在国际上的采纳概率。

6.6　本章小结

本章以通信企业为例对科技型企业专利话语权评价指标特征进行了分析，不仅揭示了科技型企业专利话语权各评价指标的特征，同时也对各指标与话语权评价的关系进行了讨论。

依据科技型企业话语权评价框架设计，本章首先基于灰色关联度分析法对通信企业专利话语权进行了综合评价，其次基于社会网络分析、相关性分析与多元回归分析等方法对评价结果进行分析讨论，最后基于实证评价结果提出了科技型企业专利话语权提升对策与建议。

第7章　研究结论与展望

7.1　研究结论

本研究分析了科技型企业专利话语权的内涵、形成机制及构成要素，构建了基于文献调研的科技型企业专利话语权评价指标体系，选取通信行业的科技型企业进行实证研究，构建出科技型企业专利话语权评价模型，并应用该模型进行通信企业专利话语权的分析，进一步指出通信企业专利话语权的现状。通过综合分析与实证研究，本研究的主要成果如下。

（1）提出了科技型企业专利话语权的定义与内涵。根据对相关研究成果的分析与归纳，本研究将科技型企业专利话语权定义为科技型企业利用各种话语渠道和话语媒介，结合自身在技术、资本、人员等方面的特征与优势，传递信息、表达观点、创新技术、制定规则、规范标准等相关行为的权利和权力，以及由此产生的对话语客体（包括国家、组织、机构、个人等）的传播力、影响力和引导力，并对话语权理论体系进行了补充。

（2）基于文献调研构建了科技型企业专利话语权评价指标体系。本研究从科技型企业专利话语权的形成机制出发，基于文献调研构建了科技型企业专利话语权评价指标体系，选取的一级指标为话语引导力、话语影响力和话语传播力，二级指标为有效专利数量、同族专利指数、有效专利质量、专利研发投入费用、科技活动人员占从业人员比重、标准必要专利数量、属地政策、所属行业协会/技术委员会成员数量、专利获奖情况、专利平均引用次数、专利国际保护范围、专利诉讼数量、专利交易数量和专利收入。

（3）分析了科技型企业专利话语权的构成要素及评价要素。本研究从传播学的视角出发，对科技型企业专利话语权的形成机制进行了分析，认为专利话语权由话语主体、话语内容、话语媒介、话语客体和话语效果这五个要素构成。而科技型企业的专利布局、专利研发、专利运用、专利保护、专利管理和专利转化等因素是科技型企业专利话语权评价的重要维度。

（4）所构建的科技型企业专利话语权评价模型综合考虑了科技型企业多个方面的综合表现。基于样本企业的专利数据，本研究对科技型企业专利话语权评价模型进行了实证研究，进而得到样本企业的专利话语权排名，并对排名结果进行了有效性检验。检验结果表明，本研究所构建的科技型企业专利话语权评价模型综合考虑了企业多个层面的表现，能够较好地量化科技型企业的专利话语权，具有一定的实践意义与应用价值。

（5）依据通信企业专利话语权的评价结果，提出了科技型企业提升专利话语权的对策与建议。从完善专利活动体系环境、提高专利创新引导力和提升专利成果影响力三个方面分别进行了论述，进一步表明技术研发、市场积累和业务范围等因素对科技型企业专利话语权评价结果的影响。

7.2　研究局限与展望

科技型企业专利话语权评价是话语权评价的深化和具体化，

集成了情报学、传播学、经济学、政治学、法学、评价学等多学科理论与方法，是跨学科研究视野的拓展。限于个人能力、知识结构、研究时间、研究样本等各种因素，当前研究仍存在以下不足：①未能征求行业领域专业人员的相关意见，实现评价方法的科学优化；②未能考虑专利翻译错误所带来的实践、财务与政策问题映射出的法律关联对专利话语权评价的影响，特别是权利要求范围方面的偏差（Chisum，2006）；③未能实现对专利侵权案件的有效剥离，从而将专利侵权案件中诉讼双方对比、案件结果和案件影响作为法学层面的指标进行进一步讨论；④对于专利资产运营与转化的评价受不同国家的市场结构与消费偏好差异的影响，无法根据价格变化幅度或者技术溢出程度进行精确的定量测算；⑤未能区分企业作为专利权人的专利的类别，对于基础专利与从属专利的区分会更进一步体现评价结果。

后续研究将围绕以下研究意义拓展研究思路，挖掘研究视角，丰富研究方法，推动科技型企业专利话语权评价的相关研究更加科学化、系统化：①增强科技型企业间创新性活动的关联，合理推动领域内的合作研发与良性竞争；②在发展创新性经济和扶持科技型企业的基础上，完善教育体系，建立技术中心，推动从培育到就业的全环节人才扶持体系；③持续性支持我国在各专利组织与专利活动中的有力参与，在国际性协议谈判与标准制定过程中维护国家利益，在国际专利事务性组织中争取更多席位，发出中国声音；④争取并推动汉语在国际性专利事务中的使用范围与使用频率；⑤不断以更高的治理能力与政治水平改善我国的专利制度体系与专利应用实践；⑥进一步协调对科技型企业的政策扶持，在金融援助、技术保护、荣誉激励、传媒支持等方面得到改善。

参考文献

中文参考文献

艾国强，杜祥瑛，2000. 我国科技竞争力研究 [J]. 中国软科学 (7)：50 – 53.

艾华，李银河，2001. 关于女性主义的对话 [J]. 社会学研究，16 (4)：118 – 125.

白立新，2018. 高校意识形态工作话语权研究 [D]. 长春：东北师范大学.

北京路浩知识产权代理有限公司，北京御路知识产权发展中心，2010. 企业专利工作实务 [M]. 北京：知识产权出版社.

本报评论员，2021. 维护和践行多边主义，推动构建人类命运共同体：论习近平主席在世界经济论坛"达沃斯议程"对话会上特别致辞 [N]. 人民日报，2021 – 01 – 28 (1).

布尔迪厄，2005. 言语意味着什么：语言交换的经济 [M]. 褚思真，刘晖，译. 北京：商务印书馆：27.

操龙升，赵景峰，2019. 专利制度对区域技术创新绩效影响的实证研究：基于专利保护视角 [J]. 中国软科学 (5)：97 – 103.

曹建安，张禾，2003. 国内外企业绩效评价发展的几个新特点 [J]. 生产力研究 (1)：271 – 273.

曹文才，2015. 科技型企业持续创新能力研究 [D]. 长沙：湖南大学.

陈达仁，李思弘，2005. 由专利指标看 TFT – LCD 中段制程技术之国家竞争力与研发特性 [J]. 智慧财产权月刊 (79)：49 – 69.

陈桂棣，春桃，2004. 中国农民调查 [M]. 北京：人民文学出版社：20 – 23.

陈继勇，2018. 中美贸易战的背景、原因、本质及中国对策 [J]. 武汉大学学报（哲学社会科学版），71（5）：72 - 81.

陈金玲，2008. 国防高新技术企业持续创新能力研究 [D]. 哈尔滨：哈尔滨工程大学.

陈劲，尹西明，2018. 建设新型国家创新生态系统加速国企创新发展 [J]. 科学学与科学技术管理，39（11）：19 - 30.

陈军，张韵君，王健，2019. 基于专利分析的中美人工智能产业发展比较研究 [J]. 情报杂志，38（1）：41 - 47.

陈开举，2012. 话语权的文化学研究 [M]. 广州：中山大学出版社：172.

陈凯，徐峰，程如烟，2015. 非专利引文分析研究进展 [J]. 图书情报工作，59（5）：137 - 144.

陈力丹，梁雨晨，2010. 向世界说明中国：论中国的国际话语权问题及策略 [J]. 新闻传播（11）：11 - 13.

陈亮，张志强，尚玮姣，2013. 专利引文分析方法研究进展 [J]. 现代图书情报技术（7）：75 - 81.

陈美章，1998. 专利制度在我国科技进步和经济发展中的作用 [J]. 知识产权（2）：7 - 14.

陈美章，1999. 专利制度与企业发展 [J]. 知识产权（1）：27 - 30.

陈顺馨，戴锦华，2004. 妇女、民族与女性主义 [M]. 北京：中央编译出版社：1 - 7.

陈伟球，2014. 新媒体时代话语权社会分配的调整 [J]. 国际新闻界，36（5）：79 - 91.

陈玉琨，1999. 教育评价学 [M]. 北京：人民教育出版社：45 - 46.

陈正良，2017. 软实力发展战略视阈下的中国国际话语权研究 [M]. 北京：人民出版社：1 - 37.

陈正良，周婕，李包庚，2014. 国际话语权本质析论：兼论中国在提升国际话语权上的应有作为 [J]. 浙江社会科学（7）：78 - 83，158.

程妮，2009. 基于引文的知识转移研究 [D]. 武汉：武汉大学.

崔国斌，2005. 中国知识产权热点评论 [J]. 清华法治论衡（2）：96 - 116.

崔国斌，2012. 专利法：原理与案例 [M]. 北京：北京大学出版社.

戴翔，2006. 实施知识产权战略：我国企业应对美国 337 条款的有效途径 [J]. 国际贸易问题（2）：115 - 120.

德鲁克，2007. 创新与企业家精神 [M]. 蔡文燕，译. 北京：机械工业出版社：80-88.

方环非，方环海，2007. 论知识管理框架下的知识创新与人的认知因素 [J]. 南京林业大学学报（人文社会科学版）（2）：61-66.

方曙，2007. 基于专利信息分析的技术创新能力研究 [D]. 成都：西南交通大学.

冯鹏志，1997. 论技术创新行动的环境变量与特征：一种社会学的分析视角 [J]. 自然辩证法通讯，19（4）：39-46.

弗里曼，苏特，2004. 工业创新经济学 [M]. 柳卸林，华宏勋，华宏慈，等译. 北京：北京大学出版社：8-10.

傅家骥，1998. 技术创新学 [M]. 北京：清华大学出版社：35-38.

傅强，孙杨，2018. 基于专利时效性和 PageRank 算法的企业技术影响力评价 [J]. 系统管理学报，27（2）：352-358.

富田彻男，2000. 市场竞争中的知识产权 [M]. 廖正衡，金路，张明国，等译. 北京：商务印书馆：1-13.

甘露，陈俊国，徐迪雄，等，2010. 大型综合医院科技持续创新能力评价指标体系的构建 [J]. 中华医学科研管理杂志，23（1）：21-25.

高宣扬，2005. 当代法国思想五十年：下 [M]. 北京：中国人民大学出版社：535.

顾瑜婷，2006. 我国民营科技企业持续创新能力研究 [D]. 镇江：江苏大学.

郭三娟，殷雨晴，2018. 基础教育改革中教师话语权的缺失与建构 [J]. 教育理论与实践，38（31）：39-43.

国家知识产权局，国家知识产权培训（湖北）基地，2014. 国际贸易中的知识产权保护 [M]. 北京：知识产权出版社.

韩立民，赵新华，2006. 企业自主创新环境分析及优化创新环境的对策：以国家创新体系企业研发中心青岛试点为例 [J]. 科学学研究（S1）：304-308.

何传启，张凤，2001. 知识创新：竞争新焦点 [M]. 北京：经济管理出版社：155.

亨廷顿，周琪，2012. 文明的冲突与世界秩序的重建：修订版 [J]. 世界

历史 (1)：158.

侯惠勤, 2014. 意识形态话语权初探 [J]. 马克思主义研究 (12)：5 - 12.

胡波, 2009. 专利法的伦理基础 [D]. 重庆：西南政法大学.

华鹰, 2009. 企业技术创新中的技术标准战略：以专利与技术标准相结合
为视角 [J]. 中国科技论坛 (10)：40 - 43.

黄鲁成, 王亢抗, 吴菲菲, 等, 2013. 基于专利的北京新一代信息技术产
业 SWOT 分析 [J]. 中国科技论坛 (1)：106 - 112.

黄乾, 2001. 区域创新政策支持系统的研究 [J]. 中州学刊 (2)：31 - 33.

黄阳华, 吕铁, 2020. 深化体制改革中的产业创新体系演进：以中国高铁
技术赶超为例 [J]. 中国社会科学 (5)：65 - 85.

霍映宝, 徐莉, 谭仲春, 2007. 广义最大熵在企业技术创新能力评价中的
应用 [J]. 统计与决策 (18)：157 - 159.

霍小光, 鞠鹏, 谢环池, 2018. 习近平总书记湖北之行第三天 [OL].
(2018 - 04 - 26) [2022 - 12 - 15]. https：//baijiahao. baidu. com/s? id =
1598818866615888166&wfr = spider&for = pc.

姜军, 2016. 企业专利战略模式的竞争优势及核心竞争力研究 [M]. 武
汉：华中科技大学出版社.

交通大辞典编辑委员会, 2005. 交通大辞典 [M]. 上海：上海交通大学出
版社：897.

金碧辉, 2004. 高论文量与低引文量带给我们的思考：关于科技评价的价
值导向与定量指标 [J]. 科学学与科学技术管理, 25 (3)：9 - 11.

金鹤, 2020. 专利制度对技术许可时机决策的影响研究 [D]. 大连：大连
理工大学.

雷臣斌, 2019. 论技术创新理论研究的进展及其发展趋势讲解 [EB/OL].
(2019 - 05 - 30) [2022 - 12 - 15]. https：//wenku. baidu. com/view/
b547209777c66137ee06eff9aef8941ea66e4b1d. html.

李冬梅, 徐红菊, 2001. 知识产权国际保护制度的法理学分析 [J]. 当代
法学 (7)：74 - 76.

李国平, 2003. 企业实施专利战略的重要性 [J]. 现代情报 (3)：145 - 146.

李宏芳, 2013. 我国专利数据库建设质量探究 [J]. 科技情报开发与经济,
23 (19)：113 - 115.

李强, 郑海军, 李晓轩, 2017. 科技政策研究之评价方法 [M]. 北京: 科学出版社: 37-65.

李银河, 1995. 论女性的就业权利与就业机会 [J]. 太平洋学报 (2): 85-88.

李银河, 1996. 后现代女权主义思潮 [J]. 哲学研究 (5): 65-71.

李玉剑, 宣国良, 2005. 标准与专利之间的冲突与协调: 以 GSM 为例 [J]. 科学学与科学技术管理, 26 (2): 43-47.

李玉剑, 宣国良, 2005. 技术标准化中的公司专利战略: 以 Motorola 为例 [J]. 科技进步与对策 (5): 86-88.

李支东, 章仁俊, 2009. 企业持续创新能力评价研究 [J]. 商业研究 (8): 8-10.

梁凯音, 2009. 论国际话语权与中国拓展国际话语权的新思路 [J]. 当代世界与社会主义 (3): 110-113.

林彦虎, 黎万和, 2018. 全球化进程中反抗西方文化殖民的中国式突破: 基于后殖民主义的比较视域 [J]. 新疆社会科学 (6): 127-133.

林洲钰, 林汉川, 邓兴华, 2014. 什么决定国家标准制定的话语权: 技术创新还是政治关系 [J]. 世界经济, 37 (12): 140-161.

刘凤朝, 潘雄峰, 王元地, 2005. 企业专利战略理论研究 [J]. 商业研究 (13): 16-19.

刘海润, 亢世勇, 2012. 新词语 10000 条 [M]. 上海: 上海辞书出版社: 140-141.

刘华, 2002. 专利制度与经济增长: 理论与现实: 对中国专利制度运行绩效的评估 [J]. 中国软科学 (10): 26-30.

刘继红, 2018. 企业技术标准开发的实践方法探讨 [J]. 机械工业标准化与质量 (12): 42-45.

刘建新, 王毅, 吴贵生, 等, 2011. 后发国家产业技术追赶模式新探: 单路径、双路径与多路径 [J]. 科学学与科学技术管理, 32 (11): 93-99.

刘杰, 宋江蔚, 1997. 企业竞争中的专利网战略 [J]. 财经研究 (8): 19-22.

刘立燕, 宋捷羽, 杨波, 2021. 基于 DEA 和灰色关联度的湖南省区域科技创新能力研究 [J]. 湖南财政经济学院学报, 37 (1): 39-46.

刘莉, 操秀英, 2017. "颠覆性技术"写入十九大报告有何深意 [EB/OL].
(2017 - 10 - 23) [2022 - 12 - 15]. http：//www. xinhuanet. com/tech/2017 -
10/23/c_1121839762. htm.

刘强, 徐静珍, 马春倩, 2019. 贸易摩擦背景下中美两国贸易关系探讨
[J]. 华北理工大学学报 (社会科学版), 19 (1)：44 - 49.

刘秋宏, 2013. 德温特专利权人代码编制研究及检索应用 [J]. 科技创新
导报 (4)：5 - 8.

刘希宋, 赵洪亮, 邓立治, 2007. 自主品牌创新功能及其效果评价研究
[J]. 科技管理研究, 27 (7)：14 - 16.

刘小燕, 崔远航, 2017. 国际网络安全规则创制与政府话语权博弈：技术
维度的阐释 [J]. 国际新闻界, 39 (11)：126 - 142.

刘晓亮, 张晓宁, 2010. 我国钢铁企业铁矿石定价话语权缺失的原因与对
策 [J]. 价格理论与实践 (3)：65 - 66.

刘兴凯, 左小娟, 2015. 科研卓越框架 (REF)：英国高校科研评估的改革
及价值取向 [J]. 中国高等教育 (24)：53 - 55.

刘耀, 2009. 创新型企业发展模式及其实现持续创新机制研究 [D]. 南
昌：南昌大学.

陆新明, 1996. 专利战略定义研究 [J]. 知识产权 (5)：17 - 20.

栾春娟, 王续琨, 刘则渊, 等, 2008. 专利计量研究国际前沿的计量分析
[J]. 科学学研究 (2)：334 - 338.

骆郁廷, 史姗姗, 2014. 论意识形态安全视域下的文化话语权 [J]. 思想
理论教育导刊 (4)：66 - 73.

吕小柏, 吴友军, 2013. 绩效评价与管理 [M]. 北京：北京大学出版社：
34 - 35.

马春华, 石金群, 李银河, 等, 2011. 中国城市家庭变迁的趋势和最新发
现 [J]. 社会学研究 (2)：182 - 216.

马克思, 恩格斯, 1995. 马克思恩格斯选集：第 2 卷 [M]. 2 版. 中共中
央马克思恩格斯列宁斯大林著作编译局, 译. 北京：人民出版社：32.

马天旗, 2015. 专利分析：方法、图表解读与情报挖掘 [M]. 北京：知识
产权出版社：1 - 5.

马维野, 1996. 评价论 [J]. 科学学研究 (3)：5 - 8, 80.

马哲伟，等，2007. 高校科研评估［M］. 大连：东北财经大学出版社：37 – 39.

毛思慧，2006.“全球化 – 本土化”时代后殖民主义文化研究的新发展：兼论兹奥丁·萨达尔对“大美国主义”和好莱坞的批判［J］. 学习与实践（10）：140 – 149.

毛锡平，何建佳，叶春明，2006. 企业专利战略与持续竞争优势的关系［J］. 商业时代（19）：41 – 43.

米勒，波格丹诺，1992. 布莱克维尔政治学百科全书［M］. 邓正来，译. 北京：中国政法大学出版社：661.

梅小安，彭俊武，2001. 评价企业技术创新能力的弱势指标倍数法［J］. 科技进步与对策，18（2）：134 – 136.

纳扎罗夫，1988. 社会经济统计辞典［M］. 铁大章，王毓贤，方群，等译. 北京：中国统计出版社：212 – 213.

聂智，邓验，2016. 自媒体领域主流意识形态话语权的构成要素及衡量维度［J］. 湖南师范大学社会科学学报，45（5）：69 – 74.

彭龙希，李蒙，杨圆圆，等，2021. 药品生产企业核心竞争力的定义与其评价体系构建［J］. 中国药房，32（7）：782 – 787.

戚昌文，邵洋，1995. 专利战略面面观［J］. 发明与革新（11）：48 – 49.

戚淳，2008. 论建立专利预警机制的必要性和预警模型的构建［J］. 科学学与科学技术管理，29（1）：16 – 20.

邱均平，李慧，2010. 国内外图书情报领域专利计量研究的对比分析［J］. 图书情报工作，54（10）：83 – 87.

邱均平，马瑞敏，徐蓓，等，2008. 专利计量的概念、指标及实证：以全球有机电激发光技术相关专利为例［J］. 情报学报，27（4）：556 – 565.

邱均平，文庭孝，等，2015. 评价学：理论：方法：实践［M］. 北京：科学出版社：52 – 58.

任琳，2013. 多维度权力与网络安全治理［J］. 世界经济与政治（10）：38 – 57.

任声策，宣国良，2007. 技术标准中的企业专利战略：一个案例分析［J］. 科研管理，28（1）：53 – 59.

阮建平，2003. 话语权与国际秩序的建构［J］. 现代国际关系（5）：31 – 37.

吴姗，2016. 中兴发力专利话语权［N］. 2016 – 10 – 08（08）.

赛义德, 1999. 赛义德自选集 [M]. 谢少波, 韩刚, 等译北京: 中国社会科学出版社: 30 - 56, 85 - 137.

邵鹏, 陶陶, 2018. 新世界主义图景下的国际话语权: 话语体系框架下中国国际传播的路径研究 [J]. 新疆师范大学学报 (哲学社会科学版), 39 (2): 105 - 110.

沈家本, 1985. 历代刑法考 [M]. 北京: 中华书局: 2217.

盛智龙, 1998. 国外企业的专利工作 [J]. 航天知识产权 (3): 7 - 9.

史轩, 2008. 侯德榜: 我的一切发明都属于祖国 [EB/OL]. (2008 - 12 - 12) [2021 - 08 - 10]. http: //tsinghua. cuepa. cn/show_more. php? doc_id = 119308.

孙立新, 2012. 社会网络分析法: 理论与应用 [J]. 管理学家 (学术版) (9): 66 - 73.

孙文芳, 蒋其发, 2020. 企业专利标准化形成的影响因素与对策分析 [J]. 中国标准化 (10): 101 - 105.

孙永风, 李垣, 2004. 企业绩效评价的理论综述及存在的问题分析 [J]. 预测 (2): 41 - 47.

孙羽, 宋子良, 1998. 从洪仁玕到《振兴工艺给状章程》: 中国曲折发展的专利制度 [J]. 科技与法律 (2): 43 - 47.

索贵彬, 杨捷, 2009. 企业持续创新系统主导力的评价 [J]. 统计与决策 (1): 71 - 77.

索贵彬, 赵国杰, 2009. 基于可拓物元模型的企业持续创新系统主导力评价 [J]. 科技进步与对策 (4): 62 - 64.

太平天国历史博物馆, 1962. 太平天国史料丛编简辑: 第二册 [M]. 北京: 中华书局: 1 - 2.

谭学瑞, 邓聚龙, 1995. 灰色关联分析: 多因素统计分析新方法 [J]. 统计研究 (3): 46 - 48.

汤宗舜, 2003. 专利法教程 [M]. 3 版. 北京: 法律出版社: 12 - 41.

唐炎钊, 邹珊刚, 1999. 企业技术创新能力的多层次灰色评价 [J]. 科技进步与对策 (5): 46 - 48.

王菲菲, 芦婉昭, 贾晨冉, 等, 2019. 基于论文 - 专利机构合作网络的产学研潜在合作机会研究 [J]. 情报科学, 37 (9): 9 - 16.

王俊, 2007. DEA 模型中的权重确定方法研究 [D]. 长沙: 中南大学.

王廉，等，2008. 话语权经济：如何打造领先、特色与世界级的话语权 [M]. 广州：暨南大学出版社：.

王敏，李海存，许培扬，2009. 国外专利文本挖掘可视化工具研究 [J]. 图书情报工作，53（24）：86-90.

王培，1997. 晚清企业纪事 [M]. 北京：中国文史出版社：411.

王秋凤，2003. 日韩专利信息工作及其对我国的启示 [J]. 图书情报知识（1）：46-47.

王若瑜，2017. 航天人胡国华：新中国专利第一人 [EB/OL].（2017-02-23）[2021-08-10]. http：//news. cctv. com/2017/02/22/ARTIGSshaoQZ71PinFMTzcHU170222. shtml.

王舒，吴江宁，2011. 基于企业引用网络的技术影响力评价研究 [J]. 科学学研究，29（3）：396-402.

王伟臣，2021. 基于熵权法的甘肃省制造业创新能力评价 [J]. 内蒙古科技与经济（5）：16-20.

王贤文，刘则渊，侯海燕，2010. 基于专利共被引的企业技术发展与技术竞争分析：以世界500强中的工业企业为例 [J]. 科研管理，31（4）：127-138.

王雪，2015. 改革开放时期中国专利法的创制：赵元果访谈录 [J]. 百年潮（10）：4-13.

王又然，2015. 社交网络站点社群信息过载的影响因素研究：加权小世界网络视角的分析 [J]. 情报科学，33（9）：76-80.

王章豹，孙陈，2007. 基于主成分分析的装备制造业行业技术创新能力评价研究 [J]. 工业技术经济，26（12）：63-68.

王中伟，2018. 全国政协委员何满潮：建立颠覆性技术的评价体系 [EB/OL].（2018-03-15）[2022-12-15]. http：//www. sohu. com/a/225584078_100122947.

温芳芳，2018. 专利引文视阈下企业技术影响力的测度与比较：以"世界500强"汽车企业为例 [J]. 情报杂志（9）：58-63.

文庭孝，2010. 国立科研机构实力比较：理论、方法与实证 [M]. 湘潭：湘潭大学出版社：20-21.

吴汉东，2004. WTO与中国企业专利发展战略 [J]. 财经政法资讯（3）：

41 - 47.

吴汉东, 等, 2009. 知识产权基本问题研究：分论 [M]. 2 版. 北京：中国人民大学出版社：132 - 151.

吴钦缘, 2000. 晚清"十年专利"的产生及其法律特征 [J]. 研究与发展管理, 12 (4)：50 - 52.

吴志鹏, 方伟珠, 包海波, 2003. 专利制度对技术创新激励机制微观安排的三个维度 [J]. 科学学与科学技术管理, 24 (1)：52 - 56.

武松, 潘发明, 等, 2014. SPSS 统计分析大全 [M]. 北京：清华大学出版社：450.

习近平, 2018. 论坚持推动构建人类命运共同体 [M]. 北京：中央文献出版社：5.

习近平, 2018. 习近平：提高关键核心技术创新能力 为我国发展提供有力科技保障 [EB/OL]. (2018 - 07 - 13) [2022 - 12 - 15]. https：//baijiahao. baidu. com/s？id = 1605876426128457359&wfr = spider&for = pc.

习近平, 2021. 全面加强知识产权保护工作 激发创新活力推动构建新发展格局 [J]. 求是 (3)：36 - 41.

夏浩然, 2021. 点燃"三个引擎"以科技创新赋能高质量发展 [EB/OL]. (2021 - 01 - 28) [2022 - 12 - 15]. http：//www. rmlt. com. cn/2021/0128/606570. shtml.

夏维力, 吕晓强, 2005. 基于 BP 神经网络的企业技术创新能力评价及应用研究 [J]. 研究与发展管理, 17 (1)：50 - 54.

谢伏瞻, 2019. 加快构建中国特色哲学社会科学学科体系、学术体系、话语体系 [J]. 中国社会科学 (5)：4 - 22.

谢顺星, 2010. 企业专利工作实务 [M]. 北京：知识产权出版社：185.

邢以群, 1997. 高技术企业形成发展规律研究 [D]. 杭州：浙江大学.

熊彼特, 1990. 经济发展理论 [M]. 何畏, 等译. 北京：商务印书馆, 58 - 60.

徐海燕, 2010. 对我国专利制度的几点思考 [J]. 中国科技论坛 (3)：102 - 105.

徐明华, 陈锦其, 包海波, 2009. 专利保护水平与企业专利行为研究 [M]. 北京：人民出版社.

杨立生，段云龙，2007. 基于模糊综合评价的企业绿色持续创新能力研究：中小企业绿色持续创新能力评价及应用 [J]. 云南民族大学学报（自然科学版），16（3）：197–201.

杨武，杨大飞，2019. 基于专利数据的产业核心技术识别研究：以 5G 移动通信产业为例 [J]. 情报杂志，38（3）：39–45.

杨曦，余翔，刘鑫，2017. 基于专利情报的石墨烯产业技术竞争态势研究 [J]. 情报杂志，36（12）：75–81.

杨昕，2012. 当代中国意识形态话语权研究述评 [J]. 探索（3）：19–24.

杨兴宪，2002. 加强专利战略研究构筑关键技术领域的知识产权 [J]. 中国科学院院刊（5）：357–359.

叶林威，戚昌文，2003. 技术标准：专利战的新武器 [J]. 研究与发展管理（2）：54–59.

佚名，1994. 批评中的"抢占话语权" [J]. 文艺理论研究（6）：82.

尤泽顺，2018. 话语与权力：批评话语分析对福柯的继承与发展 [J]. 福州大学学报（哲学社会科学版），32（4）：73–78.

俞立平，2018. 科技评价理论与方法研究 [M]. 北京：经济科学出版社：8–10.

虞晓芬，傅玳，2004. 多指标综合评价方法综述 [J]. 统计与决策（11）：119–121.

袁晓东，鲍业文，2019. "中兴事件"对我国产业发展的启示：基于专利分析 [J]. 情报杂志，38（1）：23–29.

张存刚，李明，陆德梅，2004. 社会网络分析：一种重要的社会学研究方法 [J]. 甘肃社会科学（2）：109–111.

张东刚，冯素杰，2004. 近代中国知识产权制度的安排与变迁 [J]. 中国人民大学学报（3）：86–92.

张方风，刘军，2014. 复杂网络拓扑结构与演化模型研究综述：一 [J]. 系统科学学报，22（2）：55–57.

张凤，何传启，2005. 知识创新的原理和路径 [J]. 中国科学院院刊（5）：389–394.

张国胜，2013. 技术变革、范式转换与我国产业技术赶超 [J]. 中国软科学（3）：53–65.

张军红，王德民，倪光南，2019. 技术不受制于人，才能有更多话语权：访中国工程院院士倪光南 [J]. 经济 (6)：21-23.

张俊艳，孙佳，2018. 通信企业技术赶超模式与路径研究：基于标准必要专利的视角 [J]. 中国科技论坛 (4)：112-121.

张鹏，李新春，2002. 专利制度与技术创新之间关系的思考 [J]. 自然辩证法研究 (6)：72-73.

张韬略，2003. 英美和东亚专利制度历史及其启示 [J]. 科技与法律 (1)：103-114.

张维迎，周黎安，顾全林，2005. 高新技术企业的成长及其影响因素：分位回归模型的一个应用 [J]. 管理世界 (10)：94-101.

张新平，庄宏韬，2017. 中国国际话语权：历程、挑战及提升策略 [J]. 南开学报 (哲学社会科学版) (6)：1-10.

张旭霞，2006. 试论政府公信力和公众的话语权 [J]. 中国行政管理 (9)：57-59.

张志丹，2017. 新媒体时代我国网络意识形态建设：危局、误读与突围 [J]. 河海大学学报 (哲学社会科学版)，19 (1)：1-7.

赵磊，康晓然，2011. 企业知识管理能力与组织绩效的关系研究 [J]. 中国商论 (3Z)：62-63.

赵蓉英，王旭，亓永康，等，2019. 中国话语权视域下的评价科学研究述评 [J]. 现代情报，39 (10)：145-153.

赵蓉英，王旭，余波，等，2019. 中国话语权的评价科学研究框架构建 [J]. 图书与情报 (4)：122-131.

赵杨，2019. 汉语国际教育学术话语权构建 [J]. 世界汉语教学，33 (4)：435-442.

赵元果，2003. 中国专利法的孕育与诞生 [M]. 北京：知识产权出版社：9-11.

赵志伟，胡静，2020. 互联网信息传播视域下意识形态话语权生产机制及其启示 [J]. 中共福建省委党校 (福建行政学院) 学报 (1)：152-161.

郑杭生，2011. 学术话语权与中国社会学发展 [J]. 中国社会科学 (2)：27-34

郑勤朴，2001. 浅谈定量评价企业持续创新能力 [J]. 理论与现代化 (5)：

34 – 37.

郑友德,1998. 日本企业的专利战略初探 [J]. 科研管理,19（1）：35 – 39.

郑友德,高华,1999. 论专利制度对创新的激励 [J]. 科研管理,20（3）：69.

中国百科大辞典编委会. 中国百科大辞典 [M]. 北京：华夏出版社,1990：506.

中国社会科学院语言研究所词典编辑室. 现代汉语词典 [M]. 7 版. 北京：商务印书馆,2016.

周霞,张海鸥,2003. 发展专利战略,提高我国的技术创新能力 [J]. 经济师（2）：21 – 22.

周毓萍,2000. 企业技术创新能力的神经网络检验分析 [J]. 科技进步与对策,17（6）：62 – 63.

朱军文,刘念才,2014. 高校科研评价定量方法与质量导向的偏离及治理 [J]. 教育研究（8）：52 – 59.

朱丽,2017. 知识产权国际保护制度的变革与发展 [J]. 中国化工贸易,9（1）：249.

竹中俊子,2013. 专利法律与理论：当代研究指南 [M]. 彭哲,沈旸,徐明亮,等译. 北京：知识产权出版社.

邹亚,2017. 标准必要专利研究综述 [J]. 管理观察,36（22）：50 – 51.

英文参考文献

ALBERT M B,1991. Direct Validation of Citation Counts as Indicators of Industrially Important Patents [J]. Research policy,20（3）：251 – 259.

ALCACER J,GITTELMAN M,2006. Patent Citations as a Measure of Knowledge Flows：The Influence of Examiner Citations [J]. Review of Economics and Statistics,88（4）：774 – 779.

AMIROVA A,KAMSHAT M,UAIDULLAKYZY E,et al.,2013. The Usage of Innovation Technologies in Formation of Professional Competence of the Future Specialists [J]. Procedia – Social and Behavioral Sciences,89（10）：539 – 543.

ANDEWELT R B, 1984. Analysis of Patent Pools under the Antitrust Laws [J]. Antitrust Law Journal (53): 611 – 614.

ANGUS C L, 1999. Review Essay: The Innovator's Dilemma: When New Technologies Cause Great Firms to Fail by Clayton M. Christensen: 3 (25) [J]. Social Science Electronic Publishing, 97 (8): 661 – 662.

BARON J, POHLMANN T, BLIND K, 2016. Essential Patents and Standard Dynamics [J]. Research Policy, 45 (9): 1 – 16.

BEKKERS R, VERSPAGEN B, SMITS J, 2015. Intellectual Property Rights and Standardization: the Case of GSM [J]. Telecommunications Policy, 26 (3/4): 171 – 188.

BERGER F, BLIND K, THUMM N, 2012. Filing Behaviour Regarding Essential Patents in Industry Standards [J]. Research Policy, 41 (1): 216 – 225.

BESSLER W, BITTELMEYER C, 2008. Patents and the Performance of Technology Firms: Evidence from Initial Public Offerings in Germany [J]. Financial Markets and Portfolio Management, 22 (4): 323 – 356.

BORGATTI S P, EVERETT M G, FREEMAN L C, 2002. Ucinet for Windows: Software for Social Network Analysis [J]. Analytic Technologies (15): 12 – 15.

BOZEMAN B, SAREWITZ D, 2011. Public Value Mapping and Science Policy Evaluation [J]. Minerva, 49 (1): 1 – 23.

BRANSCOMB L M, 1980. Helping the President Manages the Federal Science and Technology Enterprise [J]. Technology in Society, 2 (1/2): 107 – 114.

BUCHANAN A, PACKARD N H, BEDAU M A, 2011. Measuring the Evolution of the Drivers of Technological Innovation in the Patent Record [J]. Artificial Life, 17 (2): 109 – 122.

BURKE P F, REITZIG M, 2007. Measuring Patent Assessment Quality: Analyzing the Degree and Kind of (In) Consistency in Patent Offices' Decision Making [J]. Research Policy, 36 (9): 1404 – 1430.

BURNS J P, 2004. Government Capacity and the Hong Kong Civil Service [M]. Hong Kong: Oxford University Press: 23.

CARLSON S C, 1999. Patent Pools and the Antitrust Dilemma [J]. Yale Journal on Regulation, 16 (2): 359 – 399.

CHANG K C, CHEN D Z, HUANG M H, 2014. the Relationships Between the Patent Performance and Corporation Performance [J]. Journal of Informetrics, 6 (1): 131 – 139.

CHEN D Z, LIN W Y C, HUANG M H, 2007. Using Essential Patent Index and Essential Technological Strength to Evaluate Industrial Technological Innovation Competitiveness [J]. Scientometrics, 71 (1): 101 – 116.

CHISUM D S, 2006. Understanding Intellectual Property Law [M]. New York: Matthew Bender: 16 – 27.

CHRISTENSEN C M, 1997. The Innovator's Dilemma: When New Technologies Cause Great Firms to Fail [M]. Boston: Harvard Business School Press: 1 – 16.

COTTIER B T, 2005. The Agreement on Trade – Related Aspects of Intellectual Property Rights [M]. New York: Springer US: 103 – 108.

HARHOFF D, SCHERER F M, VOPEL K, 2003. Citations, Family Size, Opposition and the Value of Patent Rights [J]. Research Policy, 32 (8): 1343 – 1363.

D'ESTE P, RAMOSVIELBA I, WOOLLEY R, et al. , 2018. How do Researchers Generate Scientific and Societal Impacts? toward an Analytical and Operational Framework [J]. Science and Public Policy, 32 (4): 46 – 57.

DAVIDSON G S, HENDRICKSON B, JOHNSON D K, et al, 1998. Knowledge Mining with VxInsight: Discovery through Interaction [J]. Journal of Intelligent Information Systems, 11 (3): 259 – 285.

DENG J L, 1982. Control Problems of Grey Systems [J]. Systems & Control Letters, 1 (5): 288 – 294.

DENICOLO V, 1996. Patent Races and Optimal Patent Breadth and Length [J]. The Journal of Industrial Economics, 44 (3): 249 – 265.

DRAHOS P, BRAITHWAITE J, 2002. Information Feudalism: Who Owns the Knowledge Economy [J]. Contemporary Sociology, 32 (5): 253.

DRAHOS P, 1998. The Universality of Intellectual Property Rights: Origins and Development [EB/OL]. [2022 – 12 – 15]. https: //www. researchgate. net/profile/Peter – Drahos/publication/237572200_The_Universality_of_Intellectual_Property_Rights_Origins_and_Development/links/0046353a11e47111 23000000/The – Universality – of – Intellectual – Property – Rights – Origins –

and – Development. pdf.

ENOS J L, 1962. Petroleum Progress and Profits [J]. Journal of Political Economy, 4 (1): 82.

ERNST H, 1997. The Use of Patent Data for Technological Forecasting: The Diffusion of CNC – Technology in the Machine Tool Industry [J]. Small Business Economics, 9 (4): 361 –381.

ERZURUMLU S S, ERZURUMLU Y O, 2013. Development and Deployment Drivers of Clean Technology Innovations [J]. The Journal of High Technology Management Research, 24 (2): 100 –108.

FAIRCLOUGH N, 1989. Language and Power [M]. London: Longman: xii.

FALVEY R, FOSTER N, GREENAWAY D, 2004. Imports, Exports, Knowledge Spillovers and Growth [J]. Economics Letters, 85 (2): 209 –213.

FAN P, 2006. Catching up through Developing Innovation Capability: Evidence from China's Telecom – Equipment Industry [J]. Technovation, 26 (3): 359 –368.

FERRANTINO M J, 1993. The Effect of Intellectual Property Rights on International Trade and Investment [J]. Weltwirtschaftliches Archiv, 129 (2): 300 –331.

FINK C, BRAGA C. How Stronger Protection of Intellectual Property Rights Affects International Trade Flows [EB/OL]. [2022 – 12 – 15] https://www. researchgate. net/publication/2348668_How_Stronger_Protection_of_Intellectual_Property_Rights_AJects_International_Trade_Flows.

FOUCAULT M, 1980. Power/Knowledge: Selected Interviews and Other Writings, 1972 –1977 [M]. New York: Pantheon Books: 32 –57.

FOUCAULT M, 1971. Orders of Discourse [J]. Social Science Information, 10 (2): 7 –30.

FREEMAN C, 1973. 1: Malthus with a computer [J]. Futures, 5 (1): 5 –13.

FREEMAN L C, 1979. Centrality in Social Networks' Conceptual Clarification [J]. Social Networks, 1 (3): 215 –239.

FU H, NIU YB, BAO Q, 2015. Discourse Power: the New Explanation about the Relationship between the Administration Power and the Public [C]. Polokwane: International Conference on Public Administration: 1151 – 1162.

GALASSO A, SCHANKERMAN R, 2010. Patent Thickets, Courts, and the Market for Innovation [J]. Rand Journal of Economics, 41 (3): 472 – 503.

GARFIELD E, 1966. Patent Citation Indexing and the Notions of Novelty, Similarity, and Relevance [J]. Journal of Chemical Documentation, 6 (2): 63 – 65.

GAY C, BAS C L, 2005. Uses without Too Many Abuses of Patent Citations or the Simple Economics of Patent Citations as a Measure of Value and Flows of Knowledge [J]. Economics of innovation and new technology, 14 (5): 333 – 338.

GILBERT R, SHAPIRO C, 1990. Optimal Patent Length and Breadth [J]. The RAND Journal of Economics, 21 (1): 106 – 112.

GINARTE J C, PARK W G, 1997. Determinants of Patent Rights: a Cross – National Study [J]. Research Policy, 26 (3): 283 – 301.

GRAMSCI A, 1971. Selections from the Prison Notebooks of Antonio Gramsci [M]. New York: International Publishers: 145.

GRILICHES Z, 1990. Patent Statistics as Economic Indicators: A Survey [J]. Journal of Economic Literature, 28 (4): 1661 – 1707.

GRILICHES Z, 1984. R&D, Patents, and Productivity [M]. Chicago: University of Chicago Press: 312.

GRINDLEY P C, TEECE D J, 1997. Managing Intellectual Capital: Licensing and Cross – Licensing in Semiconductors and Electronics [J]. California Management Review, 39 (2): 8 – 41.

GROSS P L K, GROSS E M, 1927. College Libraries and Chemical Education [J]. Science, 66 (1713): 385 – 389.

GUAN J, HE Y, 2007. Patent – Bibliometric Analysis on the Chinese Science – Technology Linkages [J]. Scientometrics, 72 (3): 403 – 425.

GUAN J, YAM R, MOK C K, et al. , 2006 A Study of the Relationship between Competitiveness and Technological Innovation Capability Based on DEA Models [J]. European Journal of Operational Research, 170 (3): 971 – 986.

HAAS P M, 1989. Do Regimes Matter? Epistemic Communities and Mediterranean Pollution Control [J]. International Organization, 43 (3): 377.

HALL B H, JAFFE A B, TRAJTENBERG M, 2001. The NBER Patent Citation Data File: Lessons, Insights and Methodological Tools [EB/OL]. [2022 - 12 - 15]. https://www. nber. org/papers/w8498.

HALL B H, JAFFE A, TRAJTENBERG M, 2005. Market Value and Patent Citations [J]. Rand Journal of Economics, 36 (1): 16 - 38.

HE Z L, DENG M. 2007, The Evidence of Systematic Noise in Non - Patent References: a Study of New Zealand Companies' Patents [J]. Scientometrics, 72 (1): 149 - 166.

HELLER M A, 1999. The Boundaries of Private Property [J]. SSRN Electronic Journal, 108 (6): 1163 - 1223.

HOOKS B, 1996. Killing Rage: Ending Racism [M]. London: Penguin: 62 - 76.

HU M C, 2008. Knowledge Flows and Innovation Capability: the Patenting Trajectory of Taiwan's Thin Film Transistor - Liquid Crystal Display Industry [J]. Technological Forecasting & Social Change, 75 (9): 1423 - 1438.

IVERSEN E J, 2000. An Excursion into the Patent - Bibliometrics of Norwegian Patenting [J]. Scientometrics, 49 (1): 63 - 80.

JENKINS M R, 1995. The value of patents [J]. Interface, 4 (2): 7.

JOO S H, LEE K, 2010. Samsung's Catch - Up with Sony: an Analysis Using US Patent Data [J]. Journal of the Asia Pacific Economy, 15 (3): 271 - 287.

KANG B, HUO D, MOTOHASHI K, 2014. Comparison of Chinese and Korean Companies in ICT Global Standardization: Essential Patent Analysis [J]. Telecommunications Policy, 38 (10): 902 - 913.

KARKI M, 1997. Patent Citation Analysis: a Policy Analysis Tool [J]. World Patent Information, 19 (4): 269 - 272.

KESAN J P. , 2002 Carrots and Sticks to Create a Better Patent System [J]. Berkeley Technology Law Journal, 17 (2): 763 - 797.

KONDO E K, 1995. The Effect of Patent Protection on Foreign Direct Investment [J]. Journal of World Trade (29): 97 - 122.

KUMAR N, 2001. Determinants of Location of Overseas R&D Activity of Multinational Enterprises: the Case of Us and Japanese Corporations [J]. Research Policy, 30 (1): 159 - 174.

LANDHERR A, FRIEDL B, HEIDEMANN J, 2010. A Critical Review of Centrality Measures in Social Networks [J]. Business & Information Systems Engineering, 2 (6): 371 –385.

LASSWELL H D, 1948. The Structure and Function of Communication and Society: the Communication of Ideas [M]. New York: Institute for Religious and Social Studies: 203.

LAYNE – FARRAR A, 2011. Innovative or Indefensible? an Empirical Assessment of Patenting Within Standard Setting. [J]. International Journal of IT Standards & Standardization Research, 9 (2): 1 –18.

LEDGERWOOD G, BROADHURST A I, 1999. Creating Technology – Based Enterprise Televillages: Post – Modern Regional Development Theory [J]. Cities, 16 (1): 43 –50.

LEE K, LIM C, 2001. Technological Regimes, Catching – Up and Leapfrogging: Findings from the Korean Industries [J]. Research policy, 30 (3): 459 –483.

LEI L, 2017. Study on the Discourse Power of Government in Public Opinion [C]. Moscow: 2nd International Conference on Contemporary Education, Social Sciences and Humanities (ICCESSH): 14 – 15.

LERNER J, TIROLE J, 2004. Efficient Patent Pools [J]. The American Economic Review, 94 (3): 691 –711.

LERNER J, 1994. The Importance of Patent Scope: an Empirical Analysis [J]. Rand Journal of Economics, 25 (2): 319 –333.

MACHLUP F, 1958. An Economic Review of the Patent System [M]. Washington, DC: US Government Publishing Office: 3 – 12.

MANSFIELD E, 1963. The Speed of Response of Firms to New Techniques [J]. Quarterly Journal of Economics, 77 (2): 290 –311.

MANSFIELD E, 1994. Intellectual Property Protection, Foreign Direct Investment, and Technology Transfer [C] //International Finance Corporation Discussion. Washington, DC: World Bank: 19.

MAUG E, 1998. Large Shareholders as Monitors: Is There a Trade – Off between Liquidity and Control? [J]. The Journal of Finance, 53 (1): 65 –98.

MERGER R P, 1997. Contracting into Liability Rules: Intellectual Property Rights and Collective Rights Organizations [J]. California Law Review, 85 (2): 1293.

MEYER M, 2000. What is Special about Patent Citations? Differences between Scientific and Patent Citations [J]. Scientometrics, 49 (1): 93 – 123.

MOSSOFF A, 2006. Patents as Constitutional Private Property: the Historical Protection of Patents under the Takings Clause [J]. Social Science Electronic Publishing, 87 (3): 689 – 724.

MUESER R, 1985. IDENTIFYING TECHNICAL INNOVATIONS [J]. IEEE Transactions on Engineering Management, EM – 32 (4): 158 – 176.

MUSAMBIRA G W, HASTINGS S O, 2018. Editorial Board Membership as Scholarly Productivity: an Analysis of Selected ICA and NCA Journals 1997 – 2006 [J]. Review of Communication, 8 (4): 356 – 373.

NAIDOO R, COLEMAN K, GUYO C, 2019. Exploring Gender Discursive Struggles about Social Inclusion in an Online Gaming Community [J]. Information Technology & People, 33 (2): 576 – 601.

NARIN F, 2000. Assessing Technological Competencies [J]. World Scientific Book Chapters, 47 (4): 155 – 195.

NARIN F, HAMILTON K S, OLIVASTRO D, 1997. The Increasing Linkage between U. S. Technology and Public Science [J]. Research Policy, 26 (3): 317 – 330.

NARIN F, NOMA E, PERRY R, 1987. Patents as Indicators of Corporate Technological Strength [J]. Research Policy, 16 (2): 143 – 155.

NARIN F, 1994. Patent Bibliometrics [J]. Scientometrics, 30 (1): 147 – 155.

NARIN F, 1995. Patents as Indicators for the Evaluation of Industrial Research Output [J]. Scientometrics, 34 (3): 489 – 496.

NEWTON K M, 1997. Josephine Donovan: 'Beyond the Net: Feminist Criticism as A Moral Criticism' [M]. London: Macmillan Education UK: 211 – 215.

NIH, 2003. Moving Research from the Bench to the Bedside [EB/OL]. (2003 – 07 – 10) [2022 – 12 – 15]. http://energycommerce.house.gov/108/action/108 – 38.pdf.

NONAKA I, TAKEUCHI H, 1995 The Knowledge – Creating Company: How Japanese Companies Create the Dynamics of Innovation [M]. New York: Oxford University Press: 96 – 104.

NORDHAUS W D, 1967. The Optimal Life of a Patent [J]. Cowles Foundation Discussion Papers: 422 – 427.

OTTE E, ROUSSEAU R, 2002. Social Network Analysis: a Powerful Strategy, also for the Information Sciences [J]. Journal of Information Science, 28 (6): 441 – 453.

OXLEY J E, 2004. Institutional Environment and the Mechanisms of Governance: the Impact of Intellectual Property Protection on The Structure of Inter – Firm Alliances [J]. Journal of Economic Behavior & Organization, 38 (3): 283 – 309.

PADILLA – PéREZ R, GAUDIN Y, 2014. Science, Technology and Innovation Policies in Small and Developing Economies: the Case of Central America [J]. Research Policy, 43 (4): 749 – 759.

PAKES A, SCHANKERMAN M, 1979. The Rate of Obsolescence of Patents, Research Gestation Lags, and the Private Rate of Return to Research Resources [EB/OL]. [2022 – 12 – 15]. https: //www. researchgate. net/publication/ 30524914_The_rate_of_obsolescence_of_patents_research_gestation_lags_and_ the_private_rate_of_return_to_research_resources.

PAN C, ISAKHAN B, NWOKORA Z, 2019. Othering as Soft – Power Discursive Practice: China Daily's Construction of Trump's America in the 2016 Presidential Election [J]. Politics, 40 (1): 54 – 69.

PARK Y N, LEE Y S, KIM J J, et al. , 2018. The Structure and Knowledge Flow of Building Information Modeling Based on Patent Citation Network Analysis [J]. Automation in construction, 87: 215 – 224.

PENROSE E T, 1973. The Economics of the International Patent System [M]. Greenwood: Johns Hopkins Press: 96 – 117.

PENROSE M E, 1950. The Patent Controversy in the Nineteenth Century [J]. The Journal of Economic History, 10 (1): 1 – 29.

PORTER M E, 1980. Competitive Strategy: Techniques for Analyzing Industries and Competitors [J]. Social Science Electronic Publishing (2): 86 – 87.

POSNER R A, 2003. Economic Analysis of Law [M]. 6th ed. Beijing: CITIC Pubulishing House: 99.

PUTNAM J, 1996. The Value of International Patent Rights [D]. New Haven: Yale University.

RAMA R, ALFRANCA O, TUNZELMANN N V, 2003. Competitive Behaviour, Design and Technical Innovation in Food and Beverage Multinationals Oscar Alfranca [J]. International Journal of Biotechnology, 5 (3/4): 222 – 248.

RAPP R T, ROZEK R P, 1990. Benefits and Costs of Intellectual Property Protection in Developing Countries [J]. Journal of World Trade, 24 (5): 75 – 102.

RICKER M, 2017. Letter to the Editor: about the Quality and Impact of Scientific Articles [J]. Scientometrics, 111 (3): 1851 – 1855.

RUSSELL M, 2016. The Valuation of Pharmaceutical Intangibles [J]. Journal of Intellectual Capital (9): 484 – 506.

RYSMAN M, SIMCOE T, 2008. Patents and the Performance of Voluntary Standard Setting Organizations [J]. Management Science, 54 (11): 1920 – 1934.

SAID E W, 1978. Culture and Imperialism [J]. Latin American Perspectives, 5 (1): 2 – 12.

SAPSALIS E, VAN POTTELSBERGHE DE LA POTTERIE B, RAN N, 2006. Academic Versus Industry Patenting: an In – Depth Analysis of What Determines Patent Value [J]. Research Policy, 35 (10): 1631 – 1645.

SAPSALIS E, 2006. Academic versus Industry Patenting: an In – Depth Analysis of What Determines Patent Value [J]. Research policy, 35 (10): 1631 – 1645.

SARDAR Z, DAVIES M W, 2002. Why Do People Hate America? [M]. Newburyport: Disinformation: 55.

SCHANKERMAN M, PAKES A, 1986. Estimates of the Value of Patent Rights in European Countries During thePost – 1950 Period [J]. The Economic Journal, 96 (384): 1052 – 1076.

SCHERER F M, 1972. Nordhaus' Theory of Optimal Patent Life: a Geometric

Reinterpretation [J]. The American Economic Review, 62 (3): 422 - 427.

SEIDEL A, 1949. Citation System for Patent Office [J]. Journal of the Patent Office Society, 31: 554.

SHAN S, WANG X, ZHAI J, et al. , 2007. Rough Sets, Fuzzy Sets, Data Mining and Granular Computing [J]. Lecture Notes in Computer Science, 25 (2): 89 - 96.

SHAPIRO C. Navigating the Patent Thicket: Cross Licenses, Patent Pools, and Standard Setting [EB/OL]. [2022 - 12 - 15]. https://www.semanticscholar. org/paper/Navigating - the - Patent - Thicket%3A - Cross - Licenses%2C - and - Shapiro/2d02264c51fea578e11a37156bd09a03211a8ab2.

SHEMAN S, 1994. Will the Information Superhighway Be the Death of Retailing? [J]. Fortune, 129 (8): 98 - 122.

SHOWALTER E, MOERS E, 1978. A Literature of Their Own: British Women Novelists from Bronte to Lessing [M]. Princeton: Princeton University Press: 13.

SMITH H E, 2003. The Language if Property: Form, Context, and Audience. [J]. Stanford Law Review, 55 (4): 1105 - 1105.

SMITH P J, 2001. How Do Foreign Patent Rights Affect U. S. Exports, Affiliate Sales, and Licenses? [J]. Journal of International Economics, 55 (2): 411 - 439.

ŠOLTÉS V, GAVUROVÁ B, 2014. Innovation Policy as the Main Accelerator of Increasing the Competitiveness of Small and Medium - Sized Enterprises in Slovakia [J]. Procedia Economics and Finance, 15: 1478 - 1485.

SPIVAK G C, 1987. In Other Worlds: Essays in Cultural Politics [M]. London: Methuen: 309.

SPIVAK G C, 1988. Can the Subaltern Speak? [M]. London: Macmillan Education UK: 259 - 271.

STASIK E, 2003. Patent or Perish: a Guide for Gaining and Maintaining Competitive Advantage in the Knowledge Economy [M]. Fuquay Varina: Althos: 162.

TANG C, 2016. the Data Industry: the Business and Economics of Information and Big Data [M]. New York: John Wiley & Sons: 117.

TASSEY G, 2000. Standardization in Technology - Based Markets [J]. Research Policy, 29 (4): 587 -602.

THOMAS P, MCMILLAN G S, 2001. Using Science and Technology Indicators to Manage R&D as a Business [J]. Engineering Management Journal, 13 (3): 9 -14.

TIGABU A D, BERKHOUT F, BEUKERING P V, 2015. Technology Innovation Systems and Technology Diffusion: Adoption of Bio - Digestion in an Emerging Innovation System in Rwanda [J]. Technological Forecasting & Social Change, 90: 318 -330.

TONG X, FRAME J D, 1994. Measuring National Technological Performance With Patent Claims Data [J]. Research policy, 23 (2): 133 -141.

UK Council, 2014. What Do Research Councils Mean by 'impact'? [EB/OL]. (2014 -12 -21) [2022 -12 -15]. http: //www. rcuk. ac. uk/ke/impacts/ meanbyimpact/.

VERBEEK A, DEBACKERE K, LUWELET M, 2003. Science Cited in Patents: a Geographic "Flow" Analysis of Biobliographic Citation Patterns in Patents [J]. Scientometrics, 58 (2): 241 -263.

VERBEEK A, DEBACKERE K, LUWELET M, et al, 2002. Linking Science to Technology: Using Bibliographic References in Patents to Build Linkage Schemes [J]. Scientometrics, 54 (3): 399 -420.

VISCUSI K W, VERNON J M, HARRINGTON J E, 2000. Economics of Regulation and Antitrust [M]. 3rd ed. Cambridge: MIT Press: 721 -758.

WADLOW C, 1998. Enforcement of Intellectual Property in European and International Law [M]. London: Sweet & Maxwell: xlvii, 639.

WALTERSCHEID E C, 1996. Early Evolution of the United States Patent Law: Antecedents: Part 2 [J]. Journal of the Patent and Trademark Office Society, 78 (10): 665 -685.

WANG B, WANG X, WANG J, 2012. Construction and Empirical Analysis of Agricultural Science and Technology Enterprises Investment Risk Evaluation Index System [J]. IERI Procedia, 2: 485 -491.

WANG G, 2002. Extension of Rough Set under Incomplete Information Systems [C] //IEEE International Conference on Fuzzy Systems. Piscataway: IEEE:

1098 – 1103.

WANG Y, 2019. Power of Discourse in Free Trade Agreement Negotiation [J].
Leiden Journal of International Law, 32 (3): 437 –455.

WIPO, 2020. World Intellectual Property Indicators 2020 [M]. Geneva:
World Intellectual Property Organization: 12 – 74.

XU B, CHIANG E P, 2005. Trade, Patents, and International Technology Dif-
fusion [J]. Journal of International Trade and Economic Development (14):
115 – 135.

YAKOBA I A, 2015. Discourse Power of Media Space in the Struggle for Nomina-
tion [J]. Tomsk State University Journal of Philology (3): 122 – 134.

YANG G, MASKUS K E, 2001. Intellectual Property Rights, Licensing, and
Innovation in an Endogenous Product – Cycle Model [J]. Journal of Interna-
tional Economics, 53 (1): 169 – 187.

YEAP T, LOO G H, PANG S, 2003. Computational Patent Mapping: Intelli-
gent Agents for Nanotechnology [C] //International Conference on Mems,
Nano & Smart Systems. IEEE: 274 – 278.

ZHENG C, 2014. the Inner Circle of Technology Innovation: a Case Study of
Two Chinese Firms [J]. Technological Forecasting and Social Change, 82:
140 – 148.

ZHONG B, HEI Y, LI H, et al. , 2019. Patent Cooperative Patterns and Devel-
opment Trends of Chinese Construction Enterprises: a Network Analysis [J].
Journal of Civil Engineering & Management, 25 (3): 228 – 240.

阅读型参考文献
中文文献

白彦壮, 赵广杰, 汪波, 等, 2006. 企业技术创新能力灰色综合评价 [J].
天津大学学报, 39 (6): 288 – 292.

本刊编辑部, 2019. 中美贸易争端: 一场难以结束的发展较量: 访原国家
行政学院副院长韩康教授 [J]. 行政管理改革 (9): 4 – 14.

毕克新, 王筱, 高巍, 2011. 基于 VIKOR 法的科技型中小企业自主创新能
力评价研究 [J]. 科技进步与对策, 28 (1): 113 – 119.

蔡恩泽, 2014. 有了关键专利就有话语权 ［N］. 上海证券报, 2014 - 04 -
　30（A02）.

蔡恩泽, 2014. 中兴：知识产权支撑话语权 ［J］. 进出口经理人（6）：
　84 - 85.

曾德明, 张运生, 2003. 高新技术企业内外部学习策略选择对 R&D 绩效影
　响的比较分析 ［J］. 科学管理研究（5）：59 - 63.

曾海鹰, 丘林英, 阎勇, 2006. 基于主成分分析法的企业可持续创新能力
　的调研及分析 ［J］. 软科学, 20（6）：102 - 105.

陈丹华, 2017. 浅析科技型中小企业融资信用评价指标的选取 ［J］. 科技
　管理研究, 37（13）：64 - 68.

陈德智, 吴迪, 李钧, 等, 2014. 企业技术战略与研发投入结构和创新绩
　效关系研究 ［J］. 研究与发展管理（4）：67 - 81.

陈豫眉, 谭代伦, 2009. 利用 MATLAB 辅助 "模糊数学" 课程的教学探讨
　［J］. 中国电力教育（9）：70 - 72.

陈云, 谭淳方, 俞立, 2012. 科技型中小企业技术创新能力评价指标体系
　研究 ［J］. 科技进步与对策, 29（2）：110 - 112.

陈正良, 周婕, 李包庚, 2014. 国际话语权本质析论：兼论中国在提升国际
　话语权上的应有作为 ［J］. 浙江社会科学（7）：78 - 83.

成刚, 2014. 数据包络分析方法与 Max DEA 软件 ［M］. 北京：知识产权出
　版社.

程义太, 程海燕, 2006. 发展创新型企业, 建设创新型国家 ［C］//中国科
　学技术协会. 提高全民科学素质, 建设创新型国家：2006 中国科协年会
　论文集. 北京：中国科学技术协会.

崔书锋, 杨思磊, 曹珅珅, 2017. 企业技术创新在世界科技强国建设中的
　地位和作用 ［J］. 中国科学院院刊, 32（5）：536 - 542.

崔小涛, 2021. 传习录：习近平主席 "达沃斯议程" 特别致辞的国际政治意
　义 ［EB/OL］. （2021 - 01 - 29）［2022 - 12 - 15］. http：//www. china.
　com. cn/opinion2020/2021 - 01/29/content_77167248. shtml.

邓茹, 2018. 河南省科技型小微企业融资能力评价指标体系构建研究 ［J］.
　创新科技, 18（8）：24 - 26.

董淑芬, 黄南, 刘瑞翔, 2009. 创新型企业管理机制研究 ［J］. 经济师

（3）：23 – 25.

段婕，刘勇，2011. 基于因子分析的我国装备制造业技术创新能力评价研究 [J]. 科技进步及对策（20）：122 – 126.

段云龙，向刚，2008. 企业持续创新动力的评价模型及应用 [J]. 统计与决策（9）：184 – 185.

范德成，沈红宇，2010. 基于 AHP – 模糊综合评价法的黑龙江省装备制造业持续创新能力评价 [J]. 科技管理研究（8）：29 – 31.

冯广艺，2008. 论话语权 [J]. 福建师范大学学报（哲学社会科学版）（4）：54 – 59.

冯丽艳，2011. 专利价值评估中技术分成率的确定方法 [J]. 商业会计（2）：46 – 47.

冯晓青，刘友华，2010. 专利法 [M]. 北京：法律出版社.

高达宏，2010. 基于灰色关联的高技术产业创新能力分析 [J]. 科技管理研究（16）：8 – 11.

高飞，2016. 中国国际话语评价权探析 [J]. 广州大学学报（社会科学版），15（7）：30 – 34.

高琳，2017. 科技型中小企业融资效率与融资风险协调度评价研究 [D]. 保定：河北大学.

高奇琦，2016. 构建中国自己的评价指数体系 [N]. 人民日报，2016 – 12 – 12（16）.

高艳妮，2018. 西安科技型企业创新系统现状评价及创新生态系统构建研究 [D]. 西安：西安理工大学.

龚文峰，2006. 谷城：以自主创新加快工业经济发展 [J]. 当代经济（7S）：55.

龚晓菊，2009. 基于中小企业技术自主创新的财政金融支持体系构建 [J]. 商业时代（4）：61 – 62.

顾瑜婷，梅强，2008. 我国民营科技企业持续创新能力评价研究 [J]. 商场现代化（21）：51.

郭彩云，刘志强，2013. 基于 AHP – MTA 的科技型中小企业自主创新能力评价 [J]. 企业经济，32（7）：79 – 82.

郭状，余翔，2020. 基于我国人工智能专利数据的专利价值影响因素分析

[J]. 情报杂志（9）：88-94.

国家统计局, 2018. 统计上大中小微型企业划分办法（2017）[EB/OL]. (2018-01-03)[2020-12-15]. http：//www. stats. gov. cn/tjsj/tjbz/201801/t20180103_1569357. html.

国家知识产权局, 中国标准化研究院, 2013. 企业知识产权管理规范 GB/T 1. 1-2009 [S]. 北京：国家质量监督检验检疫总局.

过国忠, 2016. 江阴：运用专利战略赢得市场"话语权"[N]. 科技日报, 2016-01-22（7）.

韩霁, 2006. "中国标准"掌握产业规则的话语权 [J]. 世界标准信息（2）：73-74.

何玉萍, 2019. 新形势下科技创新型企业绩效评价体系研究 [J]. 中国市场（16）：83-86.

胡洪江, 石磊, 刘杰, 等, 2019. 最新！建设世界科技强国, 习近平提出这样干 [EB/OL]. (2019-12-31)[2022-12-15]. http：//tech. sina. com. cn/it/2018-05-28/doc-ihcffhsu5579053. shtml.

华荷锋, 鲍艳利, 2016. 科技型小微企业知识产权融资能力评价指标体系之构建 [J]. 财会月刊（21）：71-75.

黄鲁成, 成雨, 吴菲菲, 等, 2015. 关于颠覆性技术识别框架的探索 [J]. 科学学研究, 33（5）：654-664.

黄萍, 苗阳, 2018. 提质增效背景下江苏省科技型中小企业融资效率评价 [J]. 改革与开放（17）：4-7.

江涌., 2010 标准化：争夺话语权的利器 [J]. 中国质量万里行（2）：51.

蒋慧, 张燚, 刘进, 2019. 提升中国国际品牌评价话语权的建构路径 [J]. 牡丹江大学学报, 28（4）：5-7.

蒋玉鹤, 2017. 科技型企业科研人员绩效评价研究 [D]. 昆明：昆明理工大学.

蒋泽一, 2018. 科技型中小企业评价工作实践与讨论 [J]. 科技与创新（19）：131-132.

靳晓东, 2011. 基于实物期权的专利资产证券化中的单一专利价值评估 [J]. 统计与决策（4）：50-53.

靳晓东, 2011. 专利资产证券化中专利价值的影响因素分析 [J]. 商业时

代 (24)：66 – 69.

孔祥豆，2018. 上海市科技型企业创新能力评价与提升路径 [J]. 科技与
创新 (16)：81 – 82.

李婵，2017. 基于因子分析的科技型企业绩效评价研究 [D]. 青岛：中国
石油大学 (华东).

李牧原，2004. 基于知识管理提升企业创新能力研究 [D]. 湘潭：湘潭
大学.

李楠，2018. 科技型企业财务评价指标体系的构建及应用 [J]. 管理观察，
38 (12)：187 – 189.

李天赐，2017. 科技型中小企业成长影响因素分析及评价研究 [D]. 淮南：
安徽理工大学.

李向波，李叔涛，2007. 基于创新过程的企业技术创新能力评价研究 [J].
中国软科学 (2)：139 – 142.

李晓玉，2015. 我国力促高精尖专利倍增 中国智造抢全球话语权 [N]. 通
信信息报，2015 – 01 – 07 (A02).

李好婷，蒋景楠，2008. 中小企业技术创新能力的 E – V 评价模型 [J]. 科
技管理研究，28 (12)：115 – 118.

梁小云，2010. 百强企业专利超六万件自主创新提升国际话语权 [N]. 通
信信息报，2010 – 06 – 09 (A11).

林莉，周鹏飞，2007. 基于知识联盟下的高技术企业的成长机制与策略
[J]. 科技管理研究 (12)：232 – 234.

林洲钰，林汉川，邓兴华，2014. 什么决定国家标准制定的话语权：技术创
新还是政治关系 [J]. 世界经济，37 (12)：140 – 161.

刘海润，亢世勇，2012. 新词语10000 条 [M]. 上海：上海辞书出版社.

刘洪秀，2018. 兰州市科技型中小企业融资能力评价及影响因素分析 [D].
兰州：甘肃农业大学.

刘文霞，王永贵，2015. 战略性新兴产业企业技术创新能力与技术赶超路
径找寻 [J]. 中国科技论坛 (11)：61 – 65.

刘晓亮，张晓宁，2010. 矿石定价话语权缺失的原因与对策 [J]. 价格理
论与实践 (3)：65 – 66.

刘燕，2014. 专利储备成中兴通讯制胜利器 [N]. 科技日报，2014 – 04 –

26（1）.

卢怀宝，冯英浚，曲世友，等，2002. 企业技术创新能力的二次相对评价法［J］. 大庆石油学院学报，26（1）：90-93.

鲁靖文，2018. 科技型企业成长性研究［J］. 合作经济与科技（24）：116-119.

陆菊春，韩国文，2002. 企业技术创新能力评价的密切值法模型［J］. 科研管理，23（1）：54-57.

马傲雪，2018. 担保公司构建科技型中小企业信用评价体系研究［D］. 保定：河北大学.

马庆国，1998. 中国高技术产业的泛生境研究与改革建议［J］. 研究与发展管理（4）：1-8.

毛振鹏，王曦，2017. 支持科技型中小企业发展政策效应评价研究：以山东省青岛市为例［J］. 中共杭州市委党校学报（4）：69-75.

毛振鹏，2018. 我国支持科技型中小企业发展政策效用评价分析：基于18个省28个城市的实证数据［J］. 济南职业学院学报（4）：98-101，112.

祁明，2006. 石龙镇自主创新与知识产权保护实证研究［J］. 广东科技（9）：32-34.

钱锡红，徐万里，杨永福，2010. 基于战略联盟的科技型中小企业研究：以诺信公司为例［J］. 软科学，24（5）：87-89，94.

乔夏阳，鲁宽民，2010. 马克思主义中国化与中国国际话语权研究［J］. 齐齐哈尔大学学报（哲学社会科学版）（6）：30-32.

秦社华，2018. 江苏省小微企业技术创新服务体系的评价与改进研究［J］. 商场现代化（20）：96-97.

丘慧慧，2006. 高通专利僵局：中兴华为陡增话语权［N］. 21世纪经济报道，2006-07-24（20）.

邱均平，马瑞敏，徐蓓，等，2008. 专利计量的概念、指标及实证：以全球有机电激发光技术相关专利为例［J］. 情报学报，27（4）：556-565.

邱均平，2007. 信息计量学［M］. 武汉：武汉大学出版社：319.

曲国禹，刘学铭，1999. 对建立企业技术创新能力评价指标体系的探讨［J］. 辽宁工学院学报（1）：81-84.

申晨，程冬玲，2018. 基于灰色关联度的科技型小微企业信用风险评价 [J]. 时代金融（12）：118 - 119.

宋志刚，谢蕾蕾，何旭洪，2008. SPSS 16 实用教程 [M]. 北京：人民邮电出版社.

苏敏坚，2018. 5G 时代的话语权 [J]. 金融经济（9）：48 - 49.

苏平，何培育，2020. 专利法 [M]. 北京：法律出版社.

苏杨，2008. 知识产权综合能力评价及相应对策研究 [D]. 哈尔滨：哈尔滨工业大学.

苏越良，海燕，尹金龙，2009. 企业绿色持续创新能力评价体系研究 [J]. 科技进步与对策，26（20）：139 - 142.

孙玮恽，覃正文，2018. 标迪夫 124 件专利技术掌握行业话语权 [N]. 常德日报，2018 - 12 - 06（1）.

唐兰兰，2017. 基于三角模糊法的科技型中小企业融资效果评价研究 [D]. 绵阳：西南科技大学.

滕玉亮，2009. 青岛经济技术开发区持续创新能力研究 [D]. 秦皇岛：燕山大学.

田依林，2009. 企业技术创新能力评价指标体系模型研究 [J]. 科技管理研究（7）：173 - 175.

万小丽，朱雪忠，2008. 专利价值的评估指标体系及模糊综合评价 [J]. 科研管理，29（2）：185 - 191.

万小丽，2009. 专利质量指标研究 [D]. 武汉：华中科技大学.

王春晖，2016. 应高度重视信息通信领域"标准必要专利"话语权 [J]. 通信世界（22）：12.

王静，安春梅，秦梓华，2017. 兰白科技创新改革试验区科技金融生态环境评价研究 [J]. 兰州文理学院学报（社会科学版），33（4）：49 - 54.

王文亮，冯军政，郭爱民，2008. 企业持续创新能力评价指标体系的构建与模糊综合评价 [J]. 经济经纬（1）：94 - 96.

王文亮，冯军政，2006. 企业持续创新能力培育与提升策略 [J]. 企业活力（11）：69 - 71.

王中美，2016. 标准的话语权于未来尤为重要 [N]. 文汇报，2016 - 11 - 24（5）.

魏江, 郭斌, 许庆瑞, 1999. 企业技术能力与技术创新能力的评价指标体系 [J]. 中国高科技企业评价 (5): 33 – 38.

温小霓, 韩鑫蕊, 2017. 我国科技型中小企业信用风险评价模型: 基于 MLP 神经网络的实证分析 [J]. 科技和产业, 17 (12): 159 – 166.

邬智君, 2013. 实物期权法在飞机经营租赁决策中的应用研究 [D]. 北京: 中央民族大学.

吴炜炜, 2008. 企业持续创新能力及其综合评价 [J]. 商场现代化 (21): 36 – 37.

武秀杰, 王雪霁, 杨焱明, 2017. 高新区科技型小微企业创新绩效评价研究 [J]. 科技和产业, 17 (5): 112 – 116.

新华社, 2016. 授权发布: 习近平: 在哲学社会科学工作座谈会上的讲话: 全文 [EB/OL]. (2016 – 05 – 17) [2022 – 12 – 15]. http://www. xinhuanet. com/politics/2016 – 05/18/c_1118891128. htm.

新华社, 2019. 习近平: 坚持正确方向创新方法手段 提高新闻舆论传播力引导力 [EB/OL]. (2019 – 12 – 31) [2022 – 12 – 15]. http://www. xinhuanet. com/politics/2016 – 02/19/c_1118102868. htm.

许林, 李馨夏, 2018. 基于修正 KMV 模型的我国科技型中小企业信贷风险测算研究 [J]. 浙江金融 (8): 37 – 45.

许林, 梁婧怡, 2019. 我国科技型中小企业风险评价体系研究: 基于修正 KMV 与 Logit 模型的实证 [J]. 金融科学 (1): 59 – 83.

薛柳柳, 丁祥高, 2018. 科技型中小企业知识产权综合能力评价模型研究 [J]. 科技和产业, 18 (6): 84 – 88.

严蕊, 孟枫平, 2019. 基于模糊综合评价法的科技型中小企业融资风险评价 [J]. 黑龙江八一农垦大学学报, 31 (4): 89 – 95.

杨红菊, 2020. 专利法第四次修改概览 [J]. 专利代理, 23 (4): 5 – 8.

杨瑞, 2018. 基于熵权法的创业板上市公司信用评价体系研究 [D]. 西安: 西安理工大学.

杨为国, 漆苏, 2007. 企业技术创新能力评价指标体系研究 [C] //中国科学学与科技政策研究会. 第七届全国科技评价学术研讨会论文集. 嘉兴: 中国科学学与科技政策研究会: 336 – 346.

杨智勇, 覃锋, 2009. 基于结构方程模型的企业技术创新能力评价研究

[J]．科技进步与对策，26（12）：119 - 121.

姚永鹏，刘洪秀，2018．兰州市科技型中小企业融资能力评价 [J]．科技和产业，18（1）：86 - 91.

佚名，2013．在国际上掌握核心话语权 中国首个 RFID 国标发布 [J]．中兴通讯技术，19（6）：64.

游寰臻，2015．国产手机海外竞争升级 谋全球话语权受制品牌与专利 [N]．通信信息报，2015 - 07 - 22（B07）.

袁博，2016．占据专利制高点才能掌握话语权 [N]．中国知识产权报，2016 - 06 - 01（8）.

袁哲，2010．论企业资源、软硬实力与核心竞争力之间的关系 [J]．商业时代（30）：86 - 87，135.

原毅军，杨祎，2010．民营企业持续创新能力的决定因素：基于系统动力学模型的构建 [J]．科技管理研究（3）：115 - 118.

岳之轩，2016．引领知识产权保护 中兴发力专利话语权 [N]．广东科技报，2016 - 10 - 14（A08）.

湛志勇，2018．科技型中小企业创新能力评价指标体系研究与系统设计 [J]．数字通信世界（7）：227 - 228.

张继宏，张洪辉，2010．国家集成创新能力评价指标体系研究：我国自主创新的一个子系统 [J]．技术经济与管理研究（S1）：40 - 43.

张继宏，2011．专利标准化目标的集成创新：理论、证据与对策 [M]．武汉：华中科技大学出版社.

张晶，2005．日本技术创新的管理机制 [J]．国际技术经济研究，8（3）：27 - 31.

张珂，2017．科技型中小企业知识产权质押融资风险评价及防范研究 [D]．贵阳：贵州财经大学.

张涛，庄贵军，张晋，2009．基于 BP 人工神经网络的中小企业技术创新能力评价研究：从政府角度出发 [J]．中国科技论坛（5）：53 - 57.

张彦巧，张文德，2010．企业专利价值量化评估模型实证研究 [J]．情报杂志（2）：51 - 54.

张志洲，2010．话语质量：提升国际话语权的关键 [J]．红旗文稿（14）：22 - 24.

赵静, 2018. 60.87% 的背后: 专利让民企有更高话语权 [N]. 辽宁日报, 2018 - 08 - 03 (8).

赵蓉英, 郭凤娇, 谭洁, 2016. 基于 Altmetrics 的学术论文影响力评价研究: 以汉语言文学学科为例 [J]. 中国图书馆学报, 42 (1): 96 - 108.

郑春东, 和金生, 陈通, 1999. 企业技术创新能力评价研究 [J]. 中国软科学 (10): 108 - 110.

郑锋, 2008. 产业技术创新能力评价研究 [J]. 商场现代化 (23): 242 - 243.

郑素丽, 宋明顺, 2012. 专利价值由何决定?: 基于文献综述的整合性框架 [J]. 科学学研究, 30 (9): 1316 - 1323.

中国通信企业协会, 2020. 协会章程 [EB/OL]. (2020 - 03 - 23) [2022 - 12 - 15]. http: //www. cace. org. cn/NEWS/GYXH? a = 16.

中华人民共和国工业和信息化部, 2012. 关于印发中小企业划型标准规定的通知 (工信部联企业 [2011] 300 号) [EB/OL]. (2012 - 03 - 02) [2022 - 12 - 15]. https: //www. miit. gov. cn/jgsj/cws/zfcg/art/2020/art_641b052914d94d87a0110e802a8fa7c6. html.

中华人民共和国科学技术部, 2016. 科技部 财政部 国家税务总局关于修订印发《高新技术企业认定管理办法》的通知 [EB/OL]. (2016 - 02 - 04) [2022 - 12 - 15]. http: //www. most. gov. cn/xxgk/xinxifenlei/fdzdgknr/fgzc/gfxwj/gfxwj2016/201602/t20160205_123998. html.

中华人民共和国科学技术部, 2017. 科技部 财政部 国家税务总局关于印发《科技型中小企业评价办法》的通知 [EB/OL]. (2017 - 05 - 03) [2022 - 12 - 15]. http: //www. most. gov. cn/xxgk/xinxifenlei/fdzdgknr/fgzc/gfxwj/gfxwj2017/201705/t20170510_132709. html.

钟峥, 2017. 5G 专利竞争升级 中国企业谋求话语权 [N]. 江苏经济报, 2017 - 12 - 21. (A03).

钟智, 2015. 高新技术企业技术创新能力评价指标体系研究 [J]. 时代金融 (5X): 298 - 299.

周文泳, 高雯羽, 姚俊兰, 2019. 科技型企业知识供应链效率评价 [J]. 科技与经济, 32 (1): 1 - 5.

朱红涛, 2005. 中国企业在外贸知识产权战略中的话语权: 国外知识产权

战略的启示 [J]. 唯实 (8): 60 – 63.

朱红涛, 2017. 中国企业在外贸知识产权战略中的话语权 [J]. 河南科技 (20): 47 – 49.

邹小磊, 2017. 科技型中小企业融资风险识别及融资能力评价 [J]. 中外 企业家 (8): 57 – 59.

西文文献

ALLISON J R, LEMLEY M, MOORE K A, et al. , 2003. Valuable Patents [J]. Berkeley Olin Program in Law & Economics (Working Paper Series), 92 (3): 435 – 479.

AUDRETSCH D B, 1995. Innovation, Growth and Survival [J]. International Journal of Industrial Organization, 13 (4): 441 – 457.

BARON J, DELCAMP H, 2012. Patent Quality and Value in Discrete and Cumulative Innovation [J]. Scientometrics, 90 (2): 581 – 606.

BERTIN M, 2008. Categorizations and Annotations of Citation in Research Evaluation [C] //Florida Artificial Intelligence Research Society. Proceedings of the Twenty – First International Florida Artificial Intelligence Research Society Conference. Coconut Grove: Florida Artificial Intelligence Research Society: 456 – 461.

BESSEN J, 2008. The Value of U. S. Patents by Owner and Patent Characteristics [J]. Research Policy, 37 (5): 932 – 945.

BUCHANAN B, CORKEN R, 2010. A Toolkit for the Systematic Analysis of Patent Data to Assess A Potentially Disruptive Technology [R]. London: Intellectual Property Office.

BURKE P F, REITZIG M, 2007. Measuring Patent Assessment Quality: Analyzing the Degree and Kind of (In) Consistency in Patent Offices' Decision Making [J]. Research Policy, 36 (9): 1404 – 1430.

Council of Europe, 1963. Convention on the Unification of Certain Points of Substantive Law on Patents for Invention [EB/OL]. [2022 – 12 – 15] https: // rm. coe. int/168006b65d.

DRAHOS P, 1998. The Universality of Intellectual Property Rights: Origins and

Development [EB/OL]. [2022 - 12 - 15]. https://www.researchgate.net/publication/237572200_The_Universality_of_Intellectual_Property_Rights_Origins_and_Development.

EDGEWORTH R, WILHELM R G, 1998. An Iterative Approach to Profile Evaluation Using Interpolation of Measured Positions and Surface Normals [M] // ELMARAGHY H A. Geometric Design Tolerancing: Theories, Standards and Applications. New York: Springer US: 33 -35.

ERNST H, LEGLER S, LICHTENTHALER U, 2010. Determinants of Patent Value: Insights from a Simulation Analysis [J]. Technological Forecasting & Social Change, 77 (1): 1 -19.

FAN B Y, YUAN Y J, 2016. Constructing an Assessment Index System for Strategic Risk Management in Coal Science and Technology Enterprises [J]. International Journal of Mining Science and Technology, 26 (4): 653 -660.

FISCHER T, LEIDINGER J, 2014. Testing Patent Value Indicators on Directly Observed Patent Value: an Empirical Analysis of Ocean Tomo Patent Auctions [J]. Research Policy, 43 (3): 519 -529.

FREEMAN T, 1999. Assessing the Innovation Capacity of the Consortium: an Evaluation of the CAM - I Cost Management Systems Program [J]. Journal of Knowledge Management, 3 (1): 61 -65.

GEELS F. W, HEKKERT M. P, JACOBSSON S, 2008. The Dynamics of Sustainable Innovation Journeys [J]. Technology Analysis & Strategic Management, 20 (5): 521 -536.

HAGEDOORN J, CLOODT M, 2003. Measuring Innovation Performance: Is There an Advantage in Using Multiple Indicators? [J]. Policy Research, 32 (8): 1365 -1379.

HALL E B, 2013. The Friend of Voltaire [M]. Stoughton: Books on Demand.

HARRIS K, ADAMS A, 2016. Power and Discourse in The Politics of Evidence in Sport for Development [J]. Sport Management Review, 19 (2): 97 -106.

HOU J L, YA L H, 2006. Multiple Regression Model for Patent Appraisal Searching for Factors Influencing Technological Asset Value [J]. Industrial Management & Data System, 106 (9): 1304 -1332.

HSIEH C H, 2012. Patent Value Assessment and Commercialization Strategy [J]. Technological Forecasting and Social Change (11): 37 – 39.

ITAMI H, NUMAGAMI T, 1992. Dynamic Interaction between Strategy and Technology [J]. Strategic Management Journal, 13 (S2): 119 – 135.

KAYAL A A, 1999. An Empirical Evaluation of the Technology Cycle Time Indicator as a Measure of the Pace of Technological Progress in Superconductor Technology [J]. IEEE Transactions on Engineering Management, 46 (2): 127 – 131.

KESAN J P, BALL G G, 2006. How Are Patent Cases Resolved? An Empirical Examination of the Adjudication and Settlement of Patent Disputes [J]. Washington University Law Review, 84 (2): 237 – 312.

KRAEMER C, CAMPREGHER J, 2017. Regimes of Knowledge/Power in Disco Regimes of Knowledge/Power in Discourse about Evaluation of Extensionurse about Evaluation of Extension [J]. Reflex? o & A?? o, 25 (1): 99 – 117.

KYRIAKOPOULOS G L, 2011. Power as Resource – Power as Discourse: An Overview Evaluation of the Key – Factors of " Wind Farms" and " Riparian Rights" as Sources of Power [J]. Engineering, 3 (1): 63 – 72 .

LANJOUW J O, MODY A, 1996. Innovation and the International Diffusion of Environmentally Responsive Technology [J]. Research Policy, 25 (4): 549 – 571.

LEE Y G, LEE J D, SONG Y I, et al. , 2007. An In – Depth Empirical Analysis of Patent Citation Counts Using Zero – Inflated Count Data Model: the Case of KIST [J]. Scientometrics, 70 (1): 27 – 39.

LEI X F, WANG Z, LI Y T, 2015. The Risk Assessment Model of Small and Medium – Sized Enterprises of Science and Technology Based on Boosting [EB/OL]. [2022 – 12 – 15]. www. atlantis – press. com/article/22562. pdf.

LI Y X, ZHAO T Z, 2011. Analysis of Current Talents Evaluation and Its Countermeasure Research for Science and Technology Companies [EB/OL]. [2022 – 12 – 15]. https: //ieeexplore. ieee. org/abstract/document/6010963.

MECKESHEIMER M, BOOKER A J, BARTON R R, et al. , 2012. Computationally Inexpensive Metamodel Assessment Strategies [J]. AIAA Journal, 40 (10): 2053 – 2060.

PANTANO E, VIASSONE M, 2014. Demand Pull and Technology Push Perspective in Technology – Based Innovations for the Points of Sale: the Retailers Evaluation [J]. Journal of Retailing and Consumer Services, 21 (1): 43 –47.

PARK K H, LEE K, 2006. Linking the Technological Regime to the Technological Catch – Up: Analyzing Korea and Taiwan Using the US Patent Data [J]. Industrial and Corporate Change, 15 (4): 715 –753.

PARK Y N, LEE Y S, KIM J J, et al. , 2018. The Structure and Knowledge Flow of Building Information Modeling Based on Patent Citation Network Analysis [J]. Automation in construction, 87: 215 –224.

SCHETTINO F, STERLACCHINI A, VENTURINI F, 2013. Inventive Productivity and Patent Quality: Evidence from Italian Inventors [J]. Journal of Policy Modeling, 35 (6): 1043 – 1056.

SHAN W, ZHANG Q P, 2009. Extension Theory and Its Application in Evaluation of Independent Innovation Capability [J]. Kybernetes, 38 (3): 457 –467.

SHEARMAN C, BURRELL G, 1988. New Technology – Based Firms and the Emergence of New Industries: Some Employment Implications [J]. New Technology, Work and Environment (3): 87 –99.

SOLO C S, 1951. Innovation in the Capitalist Process: a Critique of the Schumpeterian Theory [J]. Quarterly Journal of Economics, 65 (3): 417 –428.

STEPHANIE R, MCCABE D, 2015. Regulators, Conformers and Cowboys: the Enterprise Discourse, Power and Resistance in the UK Passive Fire Protection Industry [J]. Organization Studies, 36 (12): 1693 – 1714.

Telecommunications Industry Association, 2022. Telecommunications Industry Association [EB/OL]. [2022 – 12 – 15]. https: //standards. tiaonline. org/.

TONG G Y, 2017. Science and Technology Innovation Performance Evaluation Index Weight of Small and Medium – sized Enterprises [EB/OL]. [2022 – 12 – 15]. https: //www. researchgate. net/publication/323067806 _ Science _ and _ Technology_Innovation_Performance_Evaluation_Index_Weight_of_Small_and_ Medium – sized_Enterprises.

United States Department of Commerce, 2022. Patent Prosecution Highway Pilot Program between the United States Patent and Trademark Office and the Japan

Patent Office [EB/OL]. [2022 - 12 - 15]. http: //www. uspto. gov/web/ offices/pac/dapp/opla/preognotice/pph_pp. pdf.

VAN ZEEBROECK N, 2011. The Puzzle of Patent Value Indicators [J]. Economics of Innovation and New Technology, 20 (1): 33 -62.

VERBRUGGEN A, LAES E, 2015. Sustainability Assessment of Nuclear Power: Discourse Analysis of IAEA and IPCC Frameworks [J]. Environmental Science and Policy, 51: 170 - 180.

WANG P, ZHANG J R, DONG Z, 2012. Statistical Analysis of the Independent Director's "Discourse Power" in Chinese Listed Companies [EB/OL]. [2022 - 12 - 15]. https: //ieeexplore. ieee. org/document/6414358/authors#authors.

YAN D, XIN Y L, 2017. Strengthening the Construction of Ideological Discourse Power of Coal Enterprises in the New Media Era [EB/OL]. [2022 - 12 - 15]. https: //www. researchgate. net/publication/321205531 _Strengthening_ the_Construction_of_Ideological_Discourse_Power_of_Coal_Enterprises_in_the_ New_Media_Era.

YU S E S, HUAMG K H, LI M Y L, et al. , 2011. A Novel Option Pricing Model via Fuzzy Binomial Decision Tree [J]. International Journal of Innovative Computing Information and Control, 7 (2): 709 -718.

YU S E, LI M, HUARNG K H, et al. , 2011. Model Construction of Option Pricing Based on Fuzzy Theory [J]. Journal of Marine Science and Technology, 19 (5): 460 -469.

ZEEBROECK N V. , 2011 Long Live Patents: the Increasing Life Expectancy of Patent Applications and Its Determinants [J]. Review of Economics and Institutions, 2 (3): 1 -37.

ZHANG R, HAO C B, 2012. Evaluation of Science and Technology Progress of Coal Enterprise Based on Entropy [EB/OL]. [2022 - 12 - 15]. https: // ieeexplore. ieee. org/document/6305747.

附　录

附录 1　全球技术领域已公开专利申请数量（截至 2020 年 9 月）

技术领域		已公开专利申请数量/项			2018 年申请量占当年专利申请总量百分比/%	2008～2018 年专利申请数量平均增长率/%
		2008 年	2013 年	2018 年		
电气工程	IT 管理方法	22108	33994	61970	1.9	10.9
	数字通信	69759	101123	146416	4.6	7.7
	电气机械、设备与能源	105240	161425	215828	6.7	7.4
	计算机技术	133095	167186	234667	7.3	5.8
	半导体	79893	86936	85523	2.7	0.7
	视听技术	89036	77060	84910	2.7	-0.5
	基础通信进程	17750	16496	16290	0.5	-0.9
	电信	67118	51822	58569	1.8	-1.4
仪器	控制	28745	37290	76597	2.4	10.3
	测量	72287	103998	164255	5.1	8.6
	医疗技术	78317	94881	147542	4.6	6.5
	生物材料分析	11558	13102	19347	0.6	5.3
	光学	74090	65941	73276	2.3	-0.1

续表

技术领域		已公开专利申请数量/项			2018 年申请量占当年专利申请总量百分比/%	2008 ~ 2018 年专利申请数量平均增长率/%
		2008 年	2013 年	2018 年		
化学	化学工程	35609	48966	104736	3.3	11.4
	食品化学	23683	42146	69971	2.2	11.4
	环境技术	22751	33976	66826	2.1	11.4
	材料科学，冶金学	34557	52827	79735	2.5	8.7
	基础材料化学	41663	60805	92275	2.9	8.3
	微观结构和纳米技术	2756	4547	5600	0.2	7.3
	高分子化学，聚合物	28409	37179	53900	1.7	6.6
	生物技术	36600	45798	65562	2.0	6.0
	表面技术，涂层	30711	39155	49910	1.6	5.0
	制药	76203	80128	102853	3.2	3.0
	有机化学	56034	55818	67202	2.1	1.8
机械工程	机床	38423	61237	116133	3.6	11.7
	其他特殊机器	46881	66635	138379	4.3	11.4
	装卸和处理	43224	55795	103680	3.2	9.1
	热处理和设备	25968	36430	55016	1.7	7.8
	运输	67992	89618	141048	4.4	7.6
	机械零件	47837	59104	84275	2.6	5.8
	发动机，水泵，发电机	43825	62418	65807	2.1	4.1
	纺织和造纸	33982	36005	49470	1.5	3.8
其他	土木工程	53330	73968	122747	3.8	8.7
	其他消费品	32193	41198	64110	2.0	7.1
	家具，游戏	45338	52462	89011	2.8	7.0
	未知	37201	31591	25863	0.8	−3.6
总计		1754166	2179060	3199299	99.8 *	—

注：因修约问题，各分项占比加和不是 100%。

附录 2　通信企业专利话语权评价实证分析各指标原始数据（2014 年）

代号	PN	FP	PQ1	PQ2	PQ3	PQ4	PQ5	PQ6	PQ7	PQ8	IC	SRN	ACN	PS	TN	PI
TE1	5	130	0.057554	41.5	71.6	85.9	66.4	16.7	9	43.7	1000000	0	4	6	0	0
TE2	3240	10174	0.037965	38.4	68.9	86	47.2	21.1	8.6	41.9	11606800000	91	3	43	61	32343640000
TE3	3850	10272	0.066763	45.2	72	84.6	90.9	18.5	9.9	44	234000000	11	3	17	57	3131000000
TE4	3364	11080	0.012169	45.2	72	84.6	90.9	18.5	9.9	44	4257250	39	4	37	162	33585580
TE5	41469	132210	0.168811	45.2	72	84.6	90.9	18.5	9.9	44	14722240	9479	3	42	1379	6693000
TE6	959	10786	0.021615	46.6	68.4	85.7	97.3	26.5	9.7	46.4	899470000	22	12	27	966	96250000
TE7	1322	4634	0.054767	45	73.4	83.8	83.9	17.3	10.7	45.4	53150000	0	18	14	367	83800000
TE8	3116	4874	0.039452	45.2	72	84.6	90.9	18.5	9.9	44	3455540	3544	3	6	199	5362070
TE9	14096	42958	0.014157	45.2	72	84.6	90.9	18.5	9.9	44	17300000	140	48	44	1187	64420000
TE10	57907	120814	0.05048	41.5	71.6	85.9	66.4	16.7	9	43.7	2424000000	9386	2	52	158	5692000000
TE11	1533	14388	0.075601	45.2	72	84.6	90.9	18.5	9.9	44	3728220	13	3	16	30	87032490
TE12	3818	1176	0.01614	38.4	68.9	86	47.2	21.1	8.6	41.9	34000000	0	5	15	1338	5124000000
TE13	1784	2330	0.019147	45	73.4	83.8	83.9	17.3	10.7	45.4	0	26	3	22	23	0
TE14	1585	403	0.00641	45.2	72	84.6	90.9	18.5	9.9	44	13488660	4	2	14	46	6811100
TE15	7053	8940	0.042224	41.5	71.6	85.9	66.4	16.7	9	43.7	8887220	389	2	62	164	8183040
TE16	330	4821	0.079689	45.2	72	84.6	90.9	18.5	9.9	44	0	0	3	2	0	65646410

续表

代号	PN	FP	PQ1	PQ2	PQ3	PQ4	PQ5	PQ6	PQ7	PQ8	IC	SRN	ACN	PS	TN	PI
TE17	19327	38091	0.054548	45.2	72	84.6	90.9	18.5	9.9	44	62940000	32	16	44	2888	78530000
TE18	93125	402965	0.099953	46.6	68.4	85.7	97.3	26.5	9.7	46.4	5437000000	93	8	68	3128	12023000000
TE19	53767	238826	0.201909	45.2	72	84.6	90.9	18.5	9.9	44	37800300	18254	4	50	1918	45540120
TE20	1553	11889	0.030516	46.6	68.4	85.7	97.3	26.5	9.7	46.4	389000000	6	2	14	6	49000000
TE21	3670	10845	0.018874	46.6	68.4	85.7	97.3	26.5	9.7	46.4	6395130	1	10	36	78	29414980
TE22	96484	416746	0.071381	44.3	70.9	81.5	77.8	19.2	10.4	47.4	2164000000	2637	3	51	492	1101000000
TE23	1005	12545	0.170104	46.6	68.4	85.7	97.3	26.5	9.7	46.4	4274610	0	3	9	166	2696980
TE24	43854	123857	0.039477	45.2	72	84.6	90.9	18.5	9.9	44	32999250	22557	4	59	34613	1554050
TE25	96416	372489	0.058878	45.2	72	84.6	90.9	18.5	9.9	44	1388000000	3993	3	53	7694	328000000
TE26	52530	80971	0.021887	45.2	72	84.6	90.9	18.5	9.9	44	46930170	16422	3	67	3992	14952300
TE27	84808	258905	0.117841	45.2	72	84.6	90.9	18.5	9.9	44	54470000	41250	5	66	6146	79670000
TE28	15056	57388	0.112598	40.5	68.7	83.3	58.1	20	9.9	44.4	8150000	6	9	53	2279	23780000
TE29	28934	106813	0.032192	45.2	72	84.6	90.9	18.5	9.9	44	681000000	3044	5	69	2320	1299000000
TE30	2683	4800	0.064906	45.2	72	84.6	90.9	18.5	9.9	44	10062000	0	14	17	334	3343000
TE31	1992	2392	0.04038	40.7	70	83.6	49.8	20.5	10	47.9	4011800	3	10	13	1612	406370
TE32	1187	4178	0.129848	45.2	72	84.6	90.9	18.5	9.9	44	1922520	0	3	15	8	385870

附录 3 通信企业专利话语权评价实证分析各指标原始数据（2015 年）

代号	PN	FP	PQ1	PQ2	PQ3	PQ4	PQ5	PQ6	PQ7	PQ8	IC	SRN	ACN	PS	TN	PI
TE1	9	130	0.057553957	42.4	72.4	86.1	73.2	16.5	8.8	43.5	1000000	0	4	6	19	0
TE2	3314	10174	0.037965496	45.7	74.4	84	83.8	18.7	10.5	46.8	11768800000	91	3	43	50	18703270000
TE3	4048	10272	0.066762774	45.6	72.6	85.3	91.1	20.1	10	44.4	172000000	11	3	17	24	3563000000
TE4	2685	11080	0.012169418	45.6	72.6	85.3	91.1	20.1	10	44.4	2545600	39	4	37	164	31597990
TE5	44927	132210	0.16881096	45.6	72.6	85.3	91.1	20.1	10	44.4	18794640	9479	3	42	789	6844250
TE6	1870	10786	0.021615128	45.6	72.6	85.3	91.1	20.1	10	44.4	835410000	22	12	27	1010	178790000
TE7	2302	4634	0.054767032	45.7	74.4	84	83.8	18.7	10.5	46.8	54960000	0	18	14	1027	81630000
TE8	3575	4874	0.039452192	45.6	72.6	85.3	91.1	20.1	10	44.4	3455540	3544	3	6	166	5362070
TE9	17319	42958	0.014156852	45.6	72.6	85.3	91.1	20.1	10	44.4	16930000	140	48	44	776	133450000
TE10	56327	120814	0.050479615	42.4	72.4	86.1	73.2	16.5	8.8	43.5	1946000000	9386	2	52	244	4313000000
TE11	1944	14388	0.075600907	45.6	72.6	85.3	91.1	20.1	10	44.4	3903900	13	3	16	5	147823450
TE12	4180	1176	0.016140351	38.2	69.5	86.1	44	20.7	8.8	42.3	0	0	5	15	353	5565000000
TE13	1858	2330	0.019146949	45.7	74.4	84	83.8	18.7	10.5	46.8	0	26	3	22	48	0
TE14	1408	403	0.006410256	45.6	72.6	85.3	91.1	20.1	10	44.4	11017640	4	2	14	20	18486120
TE15	7179	8940	0.042224254	45.6	72.6	85.3	91.1	20.1	10	44.4	7903960	389	2	62	81	6434210
TE16	1794	4821	0.079688606	45.6	72.6	85.3	91.1	20.1	10	44.4	0	0	3	2	3	64347850

续表

代号	PN	FP	PQ1	PQ2	PQ3	PQ4	PQ5	PQ6	PQ7	PQ8	IC	SRN	ACN	PS	TN	PI
TE17	20413	38091	0.054548385	45.6	72.6	85.3	91.1	20.1	10	44.4	62070000	32	16	44	671	89810000
TE18	92996	402965	0.099952617	46.8	69.4	86.2	95.9	26.2	9.8	47	5247000000	93	8	68	13130	13190000000
TE19	61703	238826	0.201908926	45.6	72.6	85.3	91.1	20.1	10	44.4	0	18254	4	50	2945	56858970
TE20	1537	11889	0.030516432	46.8	69.4	86.2	95.9	26.2	9.8	47	445000000	6	2	14	0	67000000
TE21	3867	10845	0.018873518	46.8	69.4	86.2	95.9	26.2	9.8	47	6255410	1	10	36	74	30535810
TE22	99928	416746	0.071380514	44.3	71.9	81.6	75.7	18.8	10.6	47.7	1688000000	2637	3	51	1054	1166000000
TE23	2282	12545	0.170103625	44.3	71.9	81.6	75.7	18.8	10.6	47.7	4274610	0	3	9	70	2696980
TE24	44215	1223857	0.039476531	45.6	72.6	85.3	91.1	20.1	10	44.4	27239270	22557	4	59	54151	2460460
TE25	90693	372489	0.058878296	45.6	72.6	85.3	91.1	20.1	10	44.4	1117000000	3993	3	53	2861	477000000
TE26	54265	80971	0.021887323	45.6	72.6	85.3	91.1	20.1	10	44.4	41280450	16422	3	67	4692	16051800
TE27	100142	258905	0.117840866	45.6	72.6	85.3	91.1	20.1	10	44.4	54760000	41250	5	66	4691	52710000
TE28	16034	57388	0.112598065	41	69.4	83.5	62.1	19	9.6	44.6	7690000	6	9	53	444	12410000
TE29	26679	106813	0.032192219	45.6	72.6	85.3	91.1	20.1	10	44.4	620000000	3044	5	69	3762	610000000
TE30	2866	4800	0.064905998	45.6	72.6	85.3	91.1	20.1	10	44.4	9945000	0	14	17	229	6337000
TE31	2084	2392	0.04038041	45.6	72.6	85.3	91.1	20.1	10	44.4	4142010	3	10	13	51	116670
TE32	1418	4178	0.12984807	45.6	72.6	85.3	91.1	20.1	10	44.4	2204720	0	3	15	4	370520

附录 4　通信企业专利话语权评价实证分析各指标原始数据（2016 年）

代号	PN	FP	PQ1	PQ2	PQ3	PQ4	PQ5	PQ6	PQ7	PQ8	IC	SRN	ACN	PS	TN	PI
TE1	13	130	0.057553957	43	73.5	86.9	77.2	16.2	8.6	43.2	3000000	0	4	6	59	2032304
TE2	3516	10174	0.037965496	46.5	75.2	84.7	84.5	20	10.7	48	8865000000	91	3	43	1240	372097200000
TE3	4262	10272	0.066762774	46	73.1	86.1	91.5	20.9	10	44.9	172000000	11	3	17	8	4390000000
TE4	2626	11080	0.012169418	46	73.1	86.1	91.5	20.9	10	44.9	1051420	39	4	37	196	37274950
TE5	51820	132210	0.16881096	46	73.1	86.1	91.5	20.9	10	44.9	16819450	9479	3	42	789	4304860
TE6	1802	10786	0.021615128	46.8	70.4	86.7	92	25.6	10	47.8	846510000	22	12	27	896	131270000
TE7	2867	4634	0.054767032	46.5	75.2	84.7	84.5	20	10.7	48	80160000	0	18	14	1196	86780000
TE8	4043	4874	0.039452192	46	73.1	86.1	91.5	20.9	10	44.9	3222500	3544	3	6	166	4985010
TE9	16603	42958	0.014156852	46	73.1	86.1	91.5	20.9	10	44.9	16490000	140	48	44	2466	129760000
TE10	55757	120814	0.050479615	43	73.5	86.9	77.2	16.2	8.6	43.2	1895000000	9386	2	52	8078	6550000000
TE11	1300	14388	0.075600907	46	73.1	86.1	91.5	20.9	10	44.9	3755360	13	3	16	4	78297080
TE12	8700	1176	0.016140351	46.8	70.4	86.7	92	25.6	10	47.8	79000000	0	5	15	193	4956000000
TE13	1712	2330	0.019146949	46.5	75.2	84.7	84.5	20	10.7	48	0	26	3	22	26	0
TE14	1270	403	0.006410256	46	73.1	86.1	91.5	20.9	10	44.9	9550140	4	2	14	7	14810100
TE15	7197	8940	0.042224254	45.4	73.4	84.7	66.7	22.2	11.7	52.1	0	389	2	62	445	8253600
TE16	2428	4821	0.079688606	46	73.1	86.1	91.5	20.9	10	44.9	0	0	3	2	2	47793000

续表

代号	PN	FP	PQ1	PQ2	PQ3	PQ4	PQ5	PQ6	PQ7	PQ8	IC	SRN	ACN	PS	TN	PI
TE17	21359	38091	0.054548385	46	73.1	86.1	91.5	20.9	10	44.9	62960000	32	16	44	651	107390000
TE18	93733	402965	0.099952617	46.8	70.4	86.7	92	25.6	10	47.8	5726000000	93	8	68	4851	11872000000
TE19	68771	238826	0.201908926	46	73.1	86.1	91.5	20.9	10	44.9	0	18254	4	50	1521	53313770
TE20	1586	11889	0.030516432	46.8	70.4	86.7	92	25.6	10	47.8	436000000	6	2	14	0	65000000
TE21	3852	10845	0.018873518	46.8	70.4	86.7	92	25.6	10	47.8	6434070	1	10	36	223	41118920
TE22	97546	416746	0.071380514	45.3	72.1	81.9	82.5	18.2	10.5	48.2	1597000000	2637	3	51	958	770000000
TE23	2242	12545	0.170103625	45.3	72.1	81.9	82.5	18.2	10.5	48.2	7668880	0	3	9	79	4522110
TE24	77456	123857	0.039476531	46	73.1	86.1	91.5	20.9	10	44.9	51693040	22557	4	59	3796	1222760
TE25	83046	372489	0.058878296	46	73.1	86.1	91.5	20.9	10	44.9	1097000000	3993	3	53	1261	739000000
TE26	53192	80971	0.021887323	46	73.1	86.1	91.5	20.9	10	44.9	34904330	16422	3	67	1509	1484190
TE27	107117	258905	0.117840866	46	73.1	86.1	91.5	20.9	10	44.9	51410000	41250	5	66	6111	57050000
TE28	18049	57388	0.112598065	43.3	72.5	81.3	75.6	14.4	9.4	46.1	7420000	6	9	53	997	35970000
TE29	23989	106813	0.032192219	46	73.1	86.1	91.5	20.9	10	44.9	553000000	3044	5	69	1147	560000000
TE30	3200	4800	0.064905998	46	73.1	86.1	91.5	20.9	10	44.9	10137000	0	14	17	56	5927000
TE31	2114	2392	0.04038041	41.3	71.6	84.3	47.8	20.4	10.6	48.9	4517940	3	10	13	172	725840
TE32	1728	4178	0.12984807	46	73.1	86.1	91.5	20.9	10	44.9	2411630	0	3	15	4	381410

附录5 通信企业专利话语权评价实证分析各指标原始数据（2017年）

代号	PN	FP	PQ1	PQ2	PQ3	PQ4	PQ5	PQ6	PQ7	PQ8	IC	SRN	ACN	PS	TN	PI
TE1	20	130	0.057553957	46.7	74	86.5	96.9	21.5	9.7	44.1	5000000	0	4	6	11	4372646
TE2	3701	10174	0.037965496	46.2	76.2	85.8	80.2	20	10.3	48.2	6920000000	91	3	43	54	42084200000
TE3	4695	10272	0.066762774	46.7	74	86.5	96.9	21.5	9.7	44.1	172000000	11	3	17	6	4879000000
TE4	2371	11080	0.012169418	46.7	74	86.5	96.9	21.5	9.7	44.1	7944690	39	4	37	273	23759360
TE5	52765	132210	0.16881096	46.7	74	86.5	96.9	21.5	9.7	44.1	19906390	9479	3	42	645	4881160
TE6	1730	10786	0.021615128	47.5	71.2	86.7	97.6	25.6	9.8	47.3	885680000	22	12	27	8267	301010000
TE7	3209	4634	0.054767032	46.2	76.2	85.8	80.2	20	10.3	48.2	112850000	0	18	14	620	227350000
TE8	4722	4874	0.039452192	46.7	74	86.5	96.9	21.5	9.7	44.1	2815040	3544	3	6	146	4975330
TE9	16394	42958	0.014156852	44.2	74.3	86.9	84.8	16	8.5	43.8	15030000	140	48	44	964	294500000
TE10	54808	120814	0.050479615	44.2	74.3	86.9	84.8	16	8.5	43.8	1889000000	9386	2	52	191	7141000000
TE11	1382	14388	0.075600907	46.7	74	86.5	96.9	21.5	9.7	44.1	4547910	13	3	16	4	165354030
TE12	10045	1176	0.016140351	47.5	71.2	86.7	97.6	25.6	9.8	47.3	0	0	5	15	603	13159000000
TE13	1381	2330	0.019146949	46.2	76.2	85.8	80.2	20	10.3	48.2	0	26	3	22	10	11246930
TE14	1116	403	0.006410256	46.7	74	86.5	96.9	21.5	9.7	44.1	10337960	4	2	14	17	15710830
TE15	7090	8940	0.042224254	46.6	73.7	85.1	78.5	22.4	11.6	50.8	0	389	2	62	127	7351710
TE16	2936	4821	0.079688606	46.7	74	86.5	96.9	21.5	9.7	44.1	0	0	3	2	0	39952730

续表

代号	PN	FP	PQ1	PQ2	PQ3	PQ4	PQ5	PQ6	PQ7	PQ8	IC	SRN	ACN	PS	TN	PI
TE17	21375	38091	0.054548385	46.7	74	86.5	96.9	21.5	9.7	44.1	60590000	32	16	44	2389	96090000
TE18	95439	402965	0.099952617	47.5	71.2	86.7	97.6	25.6	9.8	47.3	5590000000	93	8	68	1453	5753000000
TE19	78129	238826	0.201908926	46.7	74	86.5	96.9	21.5	9.7	44.1	59198970	18254	4	50	1682	72877630
TE20	1551	11889	0.030516432	47.5	71.2	86.7	97.6	25.6	9.8	47.3	447000000	6	2	14	0	90000000
TE21	4265	10845	0.018873518	47.5	71.2	86.7	97.6	25.6	9.8	47.3	7043170	1	10	36	81	34451490
TE22	92687	416746	0.071380514	46.7	74	86.5	96.9	21.5	9.7	44.1	1552000000	2637	3	51	359	790000000
TE23	1339	12545	0.170103625	45.9	72.3	81.6	85.7	18.5	10.5	48.8	3622110	0	3	9	4	4409570
TE24	70994	123857	0.039476531	46.7	74	86.5	96.9	21.5	9.7	44.1	58957570	22557	4	59	23447	3010240
TE25	76987	372489	0.058878296	46.7	74	86.5	96.9	21.5	9.7	44.1	976000000	3993	3	53	1177	293000000
TE26	52198	80971	0.021887323	46.7	74	86.5	96.9	21.5	9.7	44.1	46158620	16422	3	67	1414	1348680
TE27	113082	258905	0.117840866	46.7	74	86.5	96.9	21.5	9.7	44.1	54850000	41250	5	66	2508	24450000
TE28	20281	57388	0.112598065	42.8	73.4	81.5	68	15.7	8.7	47.2	8640000	6	9	53	2128	5950000
TE29	22083	106813	0.032192219	46.7	74	86.5	96.9	21.5	9.7	44.1	568000000	3044	5	69	901	192000000
TE30	3637	4800	0.064905998	46.7	74	86.5	96.9	21.5	9.7	44.1	9807000	0	14	17	37	3062000
TE31	2105	2392	0.04038041	42.9	72.1	84.4	61.1	21	9.9	48.7	4753290	3	10	13	59	12619530
TE32	2019	4178	0.12984807	46.7	74	86.5	96.9	21.5	9.7	44.1	2992440	0	3	15	14	810100

附录6 通信企业专利话语权评价实证分析各指标原始数据（2018年）

代号	PN	FP	PQ1	PQ2	PQ3	PQ4	PQ5	PQ6	PQ7	PQ8	IC	SRN	ACN	PS	TN	PI
TE1	22	130	0.057553957	47.4	74.8	85.4	96.6	23.4	9.8	45.2	6000000	0	4	6	192	4908617
TE2	4008	10174	0.037965496	46.7	76.4	86.8	80.1	21.1	9.9	49.9	6606700000	91	3	43	51	137514500000
TE3	4941	10272	0.066762774	43.3	74.9	86.9	80.4	15.5	8.1	42.4	172000000	11	3	17	0	5392000000
TE4	2175	11080	0.012169418	47.4	74.8	85.4	96.6	23.4	9.8	45.2	8886860	39	4	37	779	28572960
TE5	50025	132210	0.16881096	47.4	74.8	85.4	96.6	23.4	9.8	45.2	15913590	9479	3	42	582	3245450
TE6	1695	10786	0.021615128	46.9	71.9	86.1	94.2	24.8	9.5	46.8	892860000	22	12	27	445	155280000
TE7	3792	4634	0.054767032	46.7	76.4	84.8	80.1	21.1	9.9	49.9	136850000	0	18	14	505	117310000
TE8	5561	4874	0.039452192	47.4	74.8	85.4	96.6	23.4	9.8	45.2	1904060	3544	3	6	255	4223090
TE9	15960	42958	0.014156852	43.3	74.9	86.9	80.4	15.5	8.1	42.4	11940000	140	48	44	809	193700000
TE10	53524	120814	0.050479615	43.3	74.9	86.9	80.4	15.5	8.1	42.4	1889000000	9386	2	52	176	8455000000
TE11	1430	14388	0.075600907	47.4	74.8	85.4	96.6	23.4	9.8	45.2	5745960	13	3	16	35	219191260
TE12	14729	1176	0.016140351	46.9	71.9	86.1	94.2	24.8	9.5	46.8	0	0	5	15	619	9784000000
TE13	1199	2330	0.019146949	46.7	76.4	84.8	80.1	21.1	9.9	49.9	0	26	3	22	11	7749910
TE14	922	403	0.006410256	47.4	74.8	85.4	96.6	23.4	9.8	45.2	10843160	4	2	14	24	18331460
TE15	6846	8940	0.042224254	43.3	74.4	85.5	62.4	20.5	9.5	48	0	389	2	62	146	6847100
TE16	3858	4821	0.079688606	47.4	74.8	85.4	96.6	23.4	9.8	45.2	1272770	0	3	2	0	39959510

续表

代号	PN	FP	PQ1	PQ2	PQ3	PQ4	PQ5	PQ6	PQ7	PQ8	IC	SRN	ACN	PS	TN	PI
TE17	20417	38091	0.054548385	47.4	74.8	85.4	96.6	23.4	9.8	45.2	63320000	32	16	44	1457	1100000
TE18	90948	402965	0.099952617	46.9	71.9	86.1	94.2	24.8	9.5	46.8	5379000000	93	8	68	2009	8728000000
TE19	89388	238826	0.201908926	47.4	74.8	85.4	96.6	23.4	9.8	45.2	77414270	18254	4	50	3700	86597110
TE20	1710	11889	0.030516432	46.9	71.9	86.1	94.2	24.8	9.5	46.8	481000000	6	2	14	0	100000000
TE21	4534	10845	0.018873518	46.9	71.9	86.1	94.2	24.8	9.5	46.8	7997790	1	10	36	82	40599070
TE22	78268	416746	0.071380514	47.4	74.8	85.4	96.6	23.4	9.8	45.2	1494000000	2637	3	51	1263	1595000000
TE23	739	12545	0.170103625	44.8	72.7	80.5	79.6	17.9	10.1	47.5	4514570	0	3	9	18	4357390
TE24	64470	123857	0.039476531	47.4	74.8	85.4	96.6	23.4	9.8	45.2	52899030	22557	4	59	17732	3274700
TE25	72959	372489	0.058878296	47.4	74.8	85.4	96.6	23.4	9.8	45.2	1018000000	3993	3	53	1158	567000000
TE26	50689	80971	0.021887323	47.4	74.8	85.4	96.6	23.4	9.8	45.2	43443650	16422	3	67	2092	521430
TE27	116257	258905	0.117840866	47.4	74.8	85.4	96.6	23.4	9.8	45.2	56250000	41250	5	66	771	49640000
TE28	20729	57388	0.112598065	44	74.6	80.1	76	18.1	7.9	46.6	9930000	6	9	53	1104	9680000
TE29	19148	106813	0.032192219	47.4	74.8	85.4	96.6	23.4	9.8	45.2	637000000	3044	5	69	333	966000000
TE30	3895	4800	0.064905998	47.4	74.8	85.4	96.6	23.4	9.8	45.2	10032000	0	14	17	3	5669000
TE31	2059	2392	0.04038041	42.8	72.8	83.6	65.9	18.7	9.8	46.1	4915640	3	10	13	44	3446900
TE32	2336	4178	0.12984807	47.4	74.8	85.4	96.6	23.4	9.8	45.2	3349640	0	3	15	0	875510

附录7 通信企业专利话语权评价实证分析各指标原始数据（2019年）

代号	PN	FP	PQ1	PQ2	PQ3	PQ4	PQ5	PQ6	PQ7	PQ8	IC	SRN	ACN	PS	TN	PI
TE1	72	130	0.057553957	47.3	73.6	84.4	95.3	24.4	9	46.8	10000000	0	4	6	149	7653723
TE2	4274	10174	0.037965496	48.5	75.5	84.3	94.3	22.1	9.3	50.9	5100200000	91	3	43	70	114811400000
TE3	5196	10272	0.066762774	42.5	73.9	86.4	76.2	16.5	7.6	42.2	172000000	11	3	17	14	5569000000
TE4	2149	11080	0.012169418	47.3	73.6	84.4	95.3	24.4	9	46.8	8426840	39	4	37	64	28294790
TE5	45800	132210	0.16881096	47.3	73.6	84.4	95.3	24.4	9	46.8	17958920	9479	3	42	470	2690110
TE6	1732	10786	0.021615128	47	71.2	85.9	96.7	25.5	9.4	46.5	1146090000	22	12	27	336	192650000
TE7	4176	4634	0.054767032	48.5	75.5	84.3	94.3	22.1	9.3	50.9	125110000	0	18	14	547	130570000
TE8	6514	4874	0.039452192	47.3	73.6	84.4	95.3	24.4	9	46.8	2800680	3544	3	6	130	4216430
TE9	16288	42958	0.014156852	42.5	73.9	86.4	76.2	16.5	7.6	42.2	12760000	140	48	44	880	139000000
TE10	52794	120814	0.050479615	42.5	73.9	86.4	76.2	16.5	7.6	42.2	1889000000	9386	2	52	6376	7704000000
TE11	6848	14388	0.075600907	48.5	75.5	84.3	94.3	22.1	9.3	50.9	5745960	13	3	16	20	149032090
TE12	13796	1176	0.016140351	47	71.2	85.9	96.7	25.5	9.4	46.5	1505000000	0	5	15	317	12723000000
TE13	1152	2330	0.019146949	48.5	75.5	84.3	94.3	22.1	9.3	50.9	0	26	3	22	8	0
TE14	870	403	0.006410256	47.3	73.6	84.4	95.3	24.4	9	46.8	9953320	4	2	14	6	21928760
TE15	6955	8940	0.042224254	45.7	73.7	85.6	89.1	18.6	8.8	46.3	0	389	2	62	38	8212050
TE16	5020	4821	0.079688606	47.3	73.6	84.4	95.3	24.4	9	46.8	2445930	0	3	2	1	38506510

续表

代号	PN	FP	PQ1	PQ2	PQ3	PQ4	PQ5	PQ6	PQ7	PQ8	IC	SRN	ACN	PS	TN	PI
TE17	20239	38091	0.054548385	47.3	73.6	84.4	95.3	24.4	9	46.8	65770000	32	16	44	430	116210000
TE18	90993	402965	0.099952617	47	71.2	85.9	96.7	25.5	9.4	46.5	5989000000	93	8	68	5324	9431000000
TE19	106611	238826	0.201908926	47.3	73.6	84.4	95.3	24.4	9	46.8	48716920	18254	4	50	5276	89857550
TE20	2090	11889	0.030516432	47	71.2	85.9	96.7	25.5	9.4	46.5	491000000	6	2	14	0	152000000
TE21	4824	10845	0.018873518	47	71.2	85.9	96.7	25.5	9.4	46.5	7997340	1	10	36	71	47791120
TE22	71179	416746	0.071380514	42.5	73.9	86.4	76.2	16.5	7.6	42.2	1217000000	2637	3	51	551	943000000
TE23	2478	12545	0.170103625	45.4	71.9	80.4	90.2	17.6	9.8	46.1	186740	0	3	9	0	4281640
TE24	56194	1233857	0.039476531	47.3	73.6	84.4	95.3	24.4	9	46.8	49553170	22557	4	59	5648	4561000
TE25	67161	372489	0.058878296	48.5	75.5	84.3	94.3	22.1	9.3	50.9	975000000	3993	3	53	1108	473000000
TE26	51702	80971	0.021887323	47.3	73.6	84.4	95.3	24.4	9	46.8	41739700	16422	3	67	2802	1200090
TE27	110733	258905	0.117840866	47.3	73.6	84.4	95.3	24.4	9	46.8	53980000	41250	5	66	943	43860000
TE28	21559	57388	0.112598065	41.8	73.5	79.9	58.9	19.2	8.5	46.3	10310000	6	9	53	1208	8620000
TE29	18055	106813	0.032192219	48.5	75.5	84.3	94.3	22.1	9.3	50.9	687000000	3044	5	69	1923	868000000
TE30	4062	4800	0.064905998	47.3	73.6	84.4	95.3	24.4	9	46.8	9557000	0	14	17	18	3450000
TE31	1973	2392	0.04038041	41.5	71.4	83.9	62	19	9.2	44.9	5481390	3	10	13	2386	2534340
TE32	2650	4178	0.12984807	47.3	73.6	84.4	95.3	24.4	9	46.8	3338280	0	3	15	0	922680

附录8 2009年与2019年全球专利申请数量按洲占比的比较

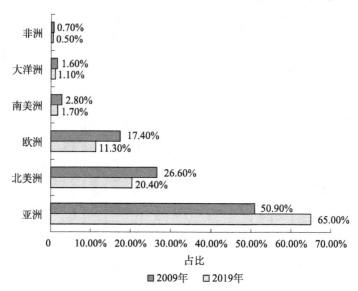

附录9 2018~2019年全球及前三名国家专利申请数量的比较

排名	范围	2018年专利申请数量/项	2019年专利申请数量/项	2019年专利申请数量增长率/%	2019年专利申请数量占全球专利申请数量百分比/%
—	全球	3325400	3224200	-3.0	100.0
1	中国	1542002	1400661	-9.2	43.4
2	美国	597141	621453	4.1	19.3
3	日本	313567	307969	-1.8	9.6

附录 10　2019 年全球部分国家和地区专利申请数量排名

排名	国家/地区	排名	国家/地区	排名	国家/地区
1	中国（不含港澳台地区）	27	爱尔兰	53	菲律宾
2	美国	28	挪威	54	哥伦比亚
3	日本	29	波兰	55	阿塞拜疆
4	韩国	30	印度尼西亚	56	斯洛伐克
5	德国	31	卢森堡	57	喀麦隆
6	法国	32	墨西哥	58	斯洛文尼亚
7	英国	33	乌克兰	59	保加利亚
8	瑞士	34	捷克	60	乌兹别克斯坦
9	荷兰	35	中国香港	61	斯里兰卡
10	印度	36	新西兰	62	巴基斯坦
11	意大利	37	葡萄牙	63	马耳他
12	俄罗斯	38	马来西亚	64	肯尼亚
13	瑞典	39	泰国	65	塞浦路斯
14	加拿大	40	智利	66	安提瓜和巴布达
15	以色列	41	东非	67	克罗地亚
16	奥地利	42	列支敦士登	68	科特迪瓦
17	比利时	43	匈牙利	69	摩洛哥
18	丹麦	44	白俄罗斯	70	塞尔维亚
19	澳大利亚	45	埃及	71	爱沙尼亚
20	伊朗	46	罗马尼亚	72	冰岛
21	芬兰	47	希腊	73	苏丹
22	土耳其	48	哈萨克斯坦	74	立陶宛
23	西班牙	49	越南	75	塞内加尔
24	巴西	50	阿根廷	76	亚美尼亚
25	沙特阿拉伯	51	阿拉伯联合酋长国	77	秘鲁
26	新加坡	52	巴巴多斯	78	拉脱维亚

续表

排名	国家/地区	排名	国家/地区	排名	国家/地区
80	中国澳门	89	古巴	106	波黑
81	摩纳哥	93	蒙古	109	阿曼
83	卡塔尔	94	孟加拉国	112	约旦
86	叙利亚	94	格鲁吉亚	113	厄瓜多尔
87	摩尔多瓦	101	毛里求斯	114	多米尼加
88	阿尔及利亚	104	巴拿马	122	牙买加
89	哥斯达黎加	105	也门	134	尼日利亚

注：因本附录仅展示国家和地区，隐去其他实体，故排名不连续。

附录 11 2012～2018 年中国技术合同成交情况与国内生产总值的比较

年份	合同数/项	成交总额/亿元	国内生产总值/亿元	成交总额占国内生产总值的比重/%
2012	282242	6437	538580	1.20
2013	294929	7469	592963	1.26
2014	297037	8577	643563	1.33
2015	307132	9836	688858	1.43
2016	320437	11407	746395	1.53
2017	367586	13424	832036	1.61
2018	411985	17697	919281	1.93

资料来源：World Bank. Trading Economics. https：//zh. tradingeconomics. com/china/gdp.

附录 12 科技型企业资源数据参考名单

《财富》	《商业周刊》
CHTR	微软（Microsoft Corp）
德国电信	苹果公司
意大利电信（TELECOM ITALIA）	Alphabet Inc – A（谷歌母公司）
TCL 通讯科技控股有限公司	脸书（Facebook Inc – A）

续表

《财富》	《商业周刊》
KDDI	腾讯（Tencent）
英国电信	台积电（TSMC）
澳大利亚电信（TELSTRA）	三星电子（Samsung Electron）
中兴通讯	英特尔（Intel Corp）
威瑞森电信	威瑞森电信
美洲电信（AMÉRICA MÓVIL）	AT&T
康卡斯特	思科
中国电信	英伟达（NVIDIA Corp）
AT&T	Adobe Inc
Lumen Technologies 公司（Lumen Technologies）	甲骨文（Oracle Corp）
DISH Network 公司（DISH Network）	中国移动
Altice USA 公司（Altice USA）	思爱普（SAP SE）
Frontier Communications 公司（Frontier Communications）	赛富时 Salesforce
Windstream Holdings 公司（Windstream Holdings）	阿斯麦（ASML Holding NV）
Level 3 Communications 公司（Level 3 Communications）	PROSUS NV（腾讯大股东）
Cablevision Systems 公司（Cablevision Systems）	都科摩（NTT Docomo Inc）
Telephone & Data Systems 公司（Telephone & Data Systems）	IBM
美国直播电视集团（DirecTV）	博通（Broadcom Inc）
NII 控股公司（NII Holdings）	德州仪器（Texas Instrument）
斯普林特 Nextel 公司（Sprint Nextel）	NTT
Liberty Global 公司（Liberty Global）	塔塔咨询服务（Tata Consultancy）
MetroPCS Communications 公司（MetroPCS Communications）	
NTT	
中国移动	
软银集团	
沃达丰集团	
西班牙电话公司	
Orange 公司	
中国联通	
Altice 公司（Altice）	
DirecTV 公司（Directv）	
荷兰皇家 KPN 集团（Royal KPN）	
时代华纳有线电视公司（Time Warner Cable）	

致　谢

　　不知不觉，在珞珈山已经走过了十年。伴随着十年的风雪雾雨，身边的风景总在变换，却从未有合适的时机梳理这段长长的校园时光。本科时初入武大的情景仿佛还在眼前，一晃就到了离别的时刻。我们越是向前走，便有更多的，不得不割舍的道路。在科研这条道路上，我深知自己能力平平又才疏学浅，也许换个视角来说这是对性格深处探索的一段经历。"雾豹"这一意象很适合概括自己临近毕业的心理感受，最初是因为向往某些豹子才上山的，能被误认为他们之一是种能量很大的"虚荣"，但是再怎么接受庇佑终归要下山了，也许马上迎来更多的山头。那么就借此机会尽可能地表达我在这段经历中的深深谢意。

　　感谢我的父亲和母亲，虽然自大学之后团圆更是屈指可数的记忆，但成长中的习惯性分离早已使我们拥有无言的默契。家人的支持与鼓励是我一路走来最大的温暖，是最深的理解与陪伴。同时，你们面对工作与生活的态度也会是我人生永远的榜样。

　　感谢这一段经历中的所有老师们。感谢博导赵蓉英教授，在我学习中提供了许多历练的机会，在生活中留下了许多温馨的片段，感谢每一次不足时您的包容，感谢每一次脆弱时您的鼓励，捧谒于您，师恩难忘。感谢硕导陈传夫教授，您文笔清碧，学养俱佳，治学严谨又对学生的积极思考与大胆探索给予鼓励，是我科研之路的启蒙老师。感谢外导 Cassidy R. Sugimoto 教授，虽因为疫情只能通过网络沟通交流，但所有的分享互动都是具有活力的体验。感谢答辩委员会专家马费成教授、曹树金教授、段尧清教授、陆泉教授、毛进副教授，感谢参与论文开题答辩与预答辩的其他专家李纲教授、唐晓波教授、查先进教授、孙永强教授、安璐教授、沈校亮教授以及各位盲审专家，论文的点滴完善离不开专家老师们的真知灼见与宝贵意见。感谢在校期间传授课程的各位老师与参考文献引用中提及的各位学者，论文的逐步完成离不开老师们对知识的薪火相传。感谢学校与学院的各位行政老师在学习生活中提供的各种帮助与支持。

感谢我的同门与同窗董克、王甲旬、全薇、魏明坤、魏绪秋、王建品、张心源、张扬、王旭、余波、李新来、常茹茹、刘卓著、张兆阳、赵鸿玉、高碧影、梁志森、严开、亓永康、戴祎璠、余慧妍等，大家的关怀与帮助都是无比美丽的回忆。感谢亲爱的朋友们陈一姐、昌扬姐、惠澜姐、刘璐姐、雅璐、赖彤、绵绵、曹悦、李琪、许浩、秋遇、姬瑶、颜一、林焱、思好等，我们在如期而至的春秋冬夏共享所有的温柔与浪漫。

感谢国家给予的和平岁月和安静课桌，感谢学校与学院提供的科研环境和学术资源。浮舟沧海，立马昆仑，感谢每一位临危而挺身而出的人，感谢每一位善良、勇敢、坚强的人带来的内心鼓舞，感谢每一位奋斗者带来的精神感召。感谢陪伴的艺术家们与未曾知道姓名的人们给予的生活里的善意。感谢所有经历，都是磨炼与成长。

即将离开挚爱十年的珞珈山，一草一木，皆是深情。愿母校桃李天下，愿学院硕果累累，愿师长幸福快乐常伴，愿同窗天南海北常念。

时至今日，接受教育的年月已是久长，一直觉得教育一方面是学识的传授，另一方面也是在培养与自己相处的能力，能够与自己相处，才能逐渐与世界相处。或许我们在潜意识里习惯将教育背景赋予光环，事实上这和个人观念可能是两件事。想起历史学家许倬云先生曾说过，面临科技逼人、世界改变的浪潮，要保持理性与温馨以处理欲望与奴役，面对滔天大浪要有自己的冷静和良心，面对世界始终有自己的一半。世界改变，因你而存在，世界缺一点，因你而不在。

曾经以为非凡只是天赋激起的惊世骇浪，现在觉得非凡也是平凡日子偏颇中的宽阔、倔强里的天真。愿自己在未来的岁月里善美明达、心境陶然。

李丹阳
二〇二一年十一月于珞珈山